Projekt Erde

Band 1

Susanne Edelmann

Impressum

Bibliografische Information der Deutschen
Nationalbibliothek: Die Deutsche
Nationalbibliothek verzeichnet diese Publikation
in der Deutschen Nationalbibliografie;
detaillierte bibliografische Daten sind im Internet
über dnb.dnb.de abrufbar.

© 2024 Susanne Edelmann
Verlag: BoD • Books on Demand GmbH, In de
Tarpen 42, 22848 Norderstedt
Druck: Libri Plureos GmbH, Friedensallee 273,
22763 Hamburg
ISBN: 978-3-7597-7797-3

Inhalt

1. Einleitung

Bitte lies dieses Buch dann, wenn du weisst, dass es für dich geschrieben ist. Weisst du es nicht, prüfe bewusst in dir selbst, bis du weisst. Das vorliegende Buch ist bewusst für eine bestimmte Menschengruppe geschrieben und gehörst du nicht dazu, macht es keinen Sinn, dass du es liest. Vielmehr noch; es stiehlt dir wertvolle Lebenszeit, die du für andere Dinge nutzen kannst. Weisst du hingegen, dass du menschlicher Teil des «Projektes Erde» bist, heissen wir dich ganz herzlich willkommen.

Bist du menschlicher Teil des Projektes Erde, ist dein derzeitiges Leben ein sehr vielschichtiges Leben. Ein menschliches Leben, das von Beginn weg einem einzigen Ziel galt: Deinem persönlichen Einsatz für das Projekt Erde. Du wusstest dies allerdings nicht und so gabst du dir selbst die Schuld, wenn du so oft nicht gepasst hast und Dinge anders liefen als du dir gewünscht hast. Du hast an dir selbst gezweifelt, als deine Liebe in Brüche ging und sich deine Freunde von dir wegbewegten, ohne dass du sie hättest halten können. Du warst oft alleine und hast doch mit allem, was du hattest, darum gekämpft, dazu zu gehören und ein Mensch zu sein, so wie die anderen.

Doch, du hast dich zunehmend entfernt, von demjenigen das allgemein gültig menschlich ist, es hat dich oft nicht berührt und so manches Mal gar angeekelt. Was auch immer du versucht hast, du konntest die beschriebene Situation immer nur relativ ändern. Immer wieder ist dir scheinbar entglitten und immer wieder lief anders als du dir gewünscht hast. Du übernahmst die Verantwortung für alles und jedes und so wurdest du mit den Jahren zunehmend müde. Der riesige Wust an gesellschaftlicher Negativität hat dich belastet. Deine offensichtliche Unfähigkeit zu passen, ganz normaler Mensch zu sein und dasjenige Leben zu führen das du dir gewünscht hast, hat Minderwertigkeit und Selbstzweifel wachsen lassen. Und, eine mangelnde erfüllende Perspektive in deinem Vorne hat die bereits vorhandene zunehmende Resignation gestärkt.

Die Tatsache der vollständigen Unbewusstheit hat dir enormen ganzheitlichen Schaden zugefügt. Rein sachlich, von aussen betrachtet. Und berühren dich die soeben geschriebenen Worte, ermutigen wir dich sehr, das Buch etwas zur Seite zu legen und bewusst zu erlauben, dass sich alle diesbezüglichen Verletzungen nachhaltig auflösen dürfen.

Du bist kein normaler Mensch. Das warst du nie. Du bist eine hochentwickelte Persönlichkeit in menschlicher Inkarnation und es ist höchste Zeit, dass du dir dessen vollumfänglich bewusst bist. Vielmehr noch, du bist nicht nur hochentwickelte Persönlichkeit, du bist hier, in diesem einen menschlichen Leben, um ein ganz bestimmtes Projekt zu unterstützen. Für diese Aufgabe musstest du in den letzten Jahren vielfältige, teils höchst komplexe Aufgaben lösen und dies, ohne dass du dir dessen bewusst warst. Kein Wunder, wurde dein menschliches Leben, rein menschlich betrachtet, noch unsteter, noch weniger passend und insgesamt definitiv «wenig erfolgreich», in diesen letzten Jahren. Deine Ziele lagen weit ausserhalb menschlicher Betrachtungsweisen und es scheint uns nun an der Zeit, dass du dir dessen vollumfänglich bewusst bist. Du bist menschlicher Teil des Projektes Erde und deshalb bist du hier in diesem einen menschlichen Leben. Dein diesbezüglicher Auftrag ist ein ungemein hoher und so verdient er auch entsprechend Respekt und Wertschätzung. Bitte sei dir dessen nun vollumfänglich bewusst.

Was wir an dieser Stelle ebenfalls betonen möchten: Dir steht ein deinem hohen Auftrag entsprechendes menschliches Leben zu. Bitte sei dir dessen nicht nur vollumfänglich bewusst, sondern lass es auch bewusst zu. Besagtes menschliches Leben kannst du dir nicht selbst organisieren, dies weisst du vermutlich mittlerweile selbst. Doch, du kannst es sehr bewusst zulassen. Und darum bitten wir dich.

Betrachtest du die Biographie deines derzeitigen Lebens mit einem deutlich erweiterten Blickwinkel, wirst du erkennen können, dass dein wesentlicher Auftrag die Führung deiner Lebenslinie innehatte. Du hattest eine grosse diesbezügliche Vorbereitungsarbeit zu erledigen und so wurde dein Leben so geführt, dass du diese möglichst rasch und möglichst erfolgreich ausführen konntest. Der Rest diente deinem persönlichen Wohlbefinden, aber sehr oft auch diversen übergeordneten Aufgaben, die du nebenbei ebenfalls noch ausgeführt hast. Dein menschliches Selbst hatte dadurch ehrlichweise wenig Einfluss auf die Geschehnisse, auch wenn du selbst diesen Eindruck hattest. Und wenn du magst, erlaube einen umfassenden diesbezüglichen Blick. Auf dass du grundsätzlich weisst und ein Stück weit auch Frieden findest, mit deinem derzeitigen menschlichen Leben.

Hast du das entsprechende Wissen dann integriert, empfiehlt es sich, den beschriebenen offenen Blick beizubehalten, hilft dir dies doch sehr, richtig einzuordnen. Deine menschlich berufliche Karriere wird dadurch zu dem, was sie ist: komplett nebensächlich und doch immer wieder hilfreich, um gut in der menschlichen Gesellschaft verankert zu sein, gegen aussen ein ganz normales menschliches Leben zu haben und gleichzeitig vielfältig in wichtige menschliche Themen hineinzuwirken und wiederholt andere hochentwickelte Menschen auf ihrem Weg zu unterstützen.

Hast du in der Tiefe erkannt, wird dich dies nachhaltig entlasten. Dein menschliches Selbst kann dadurch besser loslassen, erkennt es doch das deutlich Grössere.

Dein wesentlicher Auftrag steht nirgends geschrieben und er wird dir von keiner offiziellen Stelle zugewiesen und auch nicht bestätigt. Du weisst ihn stattdessen energiebasiert. Vage erst. Und mit der Zeit wird die Kraft dann immer stärker. Gibst du diesem inneren Wissen nun bewusst Raum, wirst du erleben, wie dein wesentlicher Auftrag an Macht gewinnt. Plötzlich ist klar: Dein Beruf ist dein wesentlicher Auftrag. Und so bist du nun von Beruf «aktives Mitglied des Projektes Erde» und in der Funktion dann allenfalls «aktives menschliches SEOS-Mitglied», «aktives Mitglied des Projektes Lichttechnologie im Bereich menschlicher Gesundheit» usw.

Gleichzeitig kann es durchaus sein, dass du auch über eine menschliche Arbeitsstelle verfügst und parallel dazu allenfalls auch noch selbständig arbeitest. Typisch energiebasiert somit: Alles gemeinsam. Tauchst du nun mittels deiner erweiterten energiebasierten Wahrnehmung in die beschriebene Gegebenheit ein, wirst du unschwer erkennen, dass die Hauptenergie auf deiner wesentlichen Aufgabe liegt. Der Rest, der auch ist, geschieht nebenbei und richtet sich nach deinem persönlichen Wohlbefinden und deiner wesentlichen Aufgabe. Etwas, das du nicht bewusst gestalten kannst und auch nicht musst, sondern sich nun fortwährend entwickelt. Es hilft dir allerdings, wenn du dir des Beschriebenen umfassend bewusst bist, verändert sich doch dadurch deine Wertung und deine Wahrnehmung. Etwas, das dir ganzheitlich guttut.

Der Schwerpunkt liegt nun auf deiner wesentlichen Aufgabe. Unabhängig davon, was du sonst auch noch alles tust. Und, begibst du dich mittels deiner erweiterten energiebasierten Wahrnehmung in die Energie des Projektes Erde, wirst du dort erfassen, dass sehr viel geschehen ist, in den letzten Monaten. Die energiebasierten Reiche haben sich deutlich stärker involviert und dadurch hat das Projekt an Kraft gewonnen. Dies entlastet die menschlichen Mitglieder und gibt ihnen derzeit die Möglichkeit, sich ein sicheres und wohltuendes Fundament im menschlichen Lebensraum einzurichten. Und auch dies obliegt nicht deinem menschlichen Selbst, sondern liegt vollumfänglich in der Führung deines eigenen inneren wesentlichen Selbst. Du darfst dich dadurch vertrauensvoll einlassen, im Bewusstsein, dass du sicher und richtig geführt wirst, in den nächsten Monaten. Hin zu einem ganzheitlich reichen menschlichen Leben.

Inkarnierst du in ein menschliches Leben, benötigst du viele wertvolle Jahre, bis du menschlich gereift und materiell basiert und menschlich bemeistert hast. Etwas, das du in jedem einzelnen Leben wieder tun musst. Und auch wenn du mit der Zeit rascher vorwärtskommst, so vergibst du doch jedes Mal wertvolle Zeit. Hinzu kommt die Tatsache, dass es nun anschliessend auch noch den Weg in die vollständige Bewusstheit zu bewältigen und die beiden energiebasierten Dimensionen zu bemeistern gilt, um die geplanten wesentlichen Aufgaben auch tatsächlich in Angriff nehmen zu können. Auch dies benötigt erneut viel ganzheitliche Ressourcen und insbesondere noch einmal viel Zeit.

Und da nun die ersten Menschen über einen vollständig lichtbasierten menschlichen Körper verfügen, den diesbezüglichen Umbau erfolgreich gemeistert haben und fähig sind, mit ihrem neuen Körper ein vollständig normales menschliches Leben zu führen, haben wir entschieden, diese Möglichkeit möglichst vielen derzeitig fähigen Menschen ebenfalls zu eröffnen. Der entsprechende Umbau erfordert einiges an ganzheitlicher Kraft und vielfältige Fähigkeiten. Gleichzeitig ermöglicht er den jeweiligen Menschen eine deutlich längere Spanne ihrer derzeitigen menschlichen Inkarnation und dies möchten wir bewusst nutzen, in der momentanen Phase des Projektes Erde.

Deine ganzheitliche Reife, deine vielfältigen Fähigkeiten und deine stabil hohe Schwingungsfrequenz dienen in hohem Masse. Und dafür sind wir dankbar!

Bitte sei dir bewusst, dass das Projekt vollständig energiebasiert aufgebaut ist, den energiebasierten Gegebenheiten und Gesetzmässigkeiten untersteht und auch die gesamte Kommunikation energiebasiert stattfindet.

«Wir», das sind in diesem Buch:
Susanne Edelmann / Lady Nayla Og-Min, Lord Luca / St.Germain, Lady Serena, Lord Ben Josef

Möge dir das Buch dienen und dich vielfältig bereichern!

Herzlich
Susanne Edelmann / Lady Nayla Og-Min, Lord Luca / St.Germain, Lady Serena, Lord Ben Josef

2. Einführung

Das Projekt Erde dient der nachhaltigen und grundsätzlichen Frequenzerhöhung des gesamten Planeten, mit dem Ziel, die Lebensbedingungen insbesondere in der dritten Dimension deutlich zu verbessern und dadurch, die derzeitige dort vorhandene Negativität deutlich zu verringern.

Das Projekt nutzt sehr bewusst die energiebasierte Evolution und verändert diesbezüglich auf der jeweils höchstmöglichen Stufe. Alle Mitglieder des Projekts verfügen über die persönliche Entwicklungsstufe eines Meisters und die meisten befinden sich teilweise sehr weit darüber. Der Auftraggeber des Projektes ist der Rat des Lichts, die Leitung und Koordination des Projekts obliegt der Galaktischen Föderation des Lichts und diese wiederum haben eine spezifische intergalaktische Projektleitungs-Gruppe dafür ins Leben gerufen. Eine Gruppe, die mittlerweile seit mehreren hundert Jahren stabil besteht und sich in dieser Zeit einiges an entsprechendem Fach- und Erfahrungswissen angeeignet hat.

Das Leitungsteam ist galaktisch sehr gut vernetzt und durfte auf vielfältiges Wissen und auf vielfältige Fähigkeiten und Unterstützung zurückgreifen. So gesehen, ist das Projekt Erde ein universelles Projekt, an dem unzählige Persönlichkeiten mitgetragen haben und es nach wie vor tun.

Seit der bewussten Gründung von SEOS hat das Projekt deutlich an Stärke zugenommen, tragen doch nun immer mehr Bewohner der Erde bewusst mit und dies lässt sich energiebasiert unverkennbar wahrnehmen. Wir gehen davon aus, dass du deine diesbezügliche Aufgabe rein und klar in dir trägst. Ist dem noch nicht so, lege das Buch etwas zur Seite und lass sie dir von deinem eigenen inneren wesentlichen Selbst zeigen. Bitte prüfe zudem, ob du zu denjenigen Menschen gehörst, die einen lichtbasierten menschlichen Körper haben (werden). Je bewusster du bist und je mehr du weisst, umso einfacher gelingen dir die dazugehörigen Herausforderungen. Nicht alle menschlichen Mitglieder des Projektes werden einen lichtbasierten menschlichen Körper haben. Es sind insbesondere diejenigen, die aktives SEOS-Mitglied sind oder im Bereich der Lichttechnologie arbeiten, die darauf angewiesen sind. Doch der diesbezügliche Umbau ist ein ungemein herausfordernder und nicht alle Menschen, die in Frage kommen, sind ganzheitlich fähig, einen solch grossen Umbau tragen zu können. Und so scheint uns wichtig, dass du weisst. Du, für dich selbst.

An dieser Stelle möchten wir dich zudem darauf hinweisen, dass sich energiebasierte Projekte deutlich anders verhalten, als dies menschliche Projekte tun. Und möchtest du dich vertieft damit beschäftigen, wirst du im Buch „Lichttechnologie" fündig. Wichtig erscheint uns, dass du dir bewusst bist, dass dein Einsatz unter der vollständigen Führung deines eigenen inneren wesentlichen Selbst liegt. Dein menschliches Selbst und auch dein menschlicher Geist haben keinerlei Einfluss und so ist es ehrlicherweise reine Zeitverschwendung, wenn du dich in deinem menschlichen Geist mit deiner Aufgabe beschäftigst. Er kann dir nicht helfen, in diesem Bereich. Deine wesentliche Aufgabe liegt ausserhalb seines Vorstellungsvermögens und ausserhalb seines Einflussbereiches. Willst du somit wissen, empfehlen wir dir, dich mittels deiner erweiterten energiebasierten Wahrnehmung bewusst in deine wesentliche Aufgabe zu begeben und dabei zu erlauben, dass sich dir alles für dich Wichtige zeigt.

Du weisst mittlerweile vermutlich, dass du jederzeit ausreichend früh weisst. Mehr benötigt es nicht, aus energiebasierter Sicht. Es entwickelt sich fortlaufend und du weisst fortlaufend. In aller Regel weisst du lediglich deinen eigenen Teil und konzentrierst dich auch lediglich auf deinen eigenen Teil.

Dies ermöglicht dir, konzentriert und effektiv unterwegs zu sein, wäre doch unnötig, dich mit Dingen zu beschäftigen, die dich nicht betreffen, aus energiebasierter Sicht betrachtet. Energiebasierte Projekte verhalten sich deutlich anders als menschliche Projekte und auf einige Aspekte möchten wir an dieser Stelle eingehen.

2.1 Energiebasierte Projekte

Energiebasiert öffnet sich dir immer dasjenige, das dir Hier und Jetzt dient. Den Geist mit Dingen zu beschäftigen, die ihm nicht wirklich dienen, ist eine menschliche Eigenart, die ausserhalb des menschlichen Lebensraumes nicht gelebt und auch nicht verstanden wird. Energiebasiert öffnet sich dir auch grundsätzlich entsprechend deinem wesentlichen Entwicklungsstand. Natürlicherweise. Und so kann es dir sehr gut geschehen, dass du zwar rein und klar in dir trägst, dass du menschliches Mitglied des Projekts Erde bist und auch um das Grosse Ganze weisst, dir der Rest allerdings verborgen bleibt. Du benötigst ihn nicht, er dient dir nicht und so weisst du auch nicht. Logisch, auf energiebasierter Ebene. Unüblich, im menschlichen Lebensraum, und deshalb für einen Menschen meist erst etwas gewöhnungsbedürftig.

Die beschriebene Gegebenheit bedeutet ganz praktisch für dich, dass du um deinen eigenen Anteil weisst, das Grosse Ganze ungefähr, entsprechend deiner eigenen persönlichen Entwicklung kennst, dir der Rest jedoch verborgen bleibt. Du benötigst ihn nicht. Du lebst auch im Rahmen eines energiebasierten Projektes die Demut des Meisters, der um seine ganze Grösse weiss und sich gleichzeitig auch bewusst ist, dass er immer lediglich ein Teil vom Ganzen ist.

So mancher Mensch nennt sich derzeit Meister, fühlt und verhält sich gross und mächtig und lehrt alles Mögliche. Den wahren Meister erkennst du jedoch an seinem unscheinbaren Auftreten und an seiner Demut. Einer der Gründe, weshalb Meisterwesen in aller Regel nicht erkannt werden, von den Menschen.

Wer im Aussen zeigen muss,
wer er ist,
weiss noch nicht wirklich,
wer er ist.

Den eigenen Platz in der menschlichen Gesellschaft zu finden, ist eine grundsätzliche menschlich materiell basierte Aufgabe. Diese Aufgabe beinhaltet verschiedene Aspekte, die es zu verstehen und zu meistern gilt. Hast du die grundsätzliche Aufgabe dann bemeistert und mit der Zeit gar die gesamte materiell basierte Dimension, gilt es, sich sehr bewusst mit dem Neuen und mit den jeweiligen Unterschieden auseinander zu setzen.

Bist du der energiebasierten Dimension unterstellt, verfügst du über ein umfassendes und grundsätzliches Verständnis darüber, wer du bist. Etwas, das die wenigsten derzeitigen Menschen kennen. Gleichzeitig verändert dieses grundlegende Verständnis auch dein Verhalten im Zusammenleben und Zusammenarbeiten mit anderen Persönlichkeiten.

- Du musst dich nicht mehr beweisen und du musst dir deinen dir zustehenden Platz nicht mehr erarbeiten oder gar erkämpfen.
- Du kannst es dir nicht in einfachen Aufgaben „gemütlich einrichten" und du kannst auch nicht in eine Position auf einer hohen Hierarchiestufe hingelangen, die deiner derzeitigen persönlichen Entwicklungsstufe und deinen derzeitigen Fähigkeiten noch nicht wirklich entspricht.

Du benötigst sehr hohe Fähigkeiten, wenn du in ein Leitungsteam eines energiebasierten Projektes gewählt wirst. Und, du benötigst eine sehr, sehr hohe Integrität. Beides musst du im Vorfeld x-fach beweisen, bevor du auch nur in die Nähe eines allfälligen Auswahlverfahrens kommst. Menschliche Verhaltensweisen oder gar menschlicher Ehrgeiz sind somit fehl am Platze, im Bereich der energiebasierten Projekte. Es formiert sich stattdessen. Natürlicherweise. Entsprechend der wesentlichen Grösse und der wesentlichen Fähigkeiten der jeweiligen Persönlichkeiten.

Im Bereich der energiebasierten Projekte verhält sich dein Einsatz meist ähnlich:

Du weisst – du tust – und du trittst wieder ruhig zurück.

Dein Einsatz ist somit immer von deinem eigenen inneren wesentlichen Selbst gesteuert und basiert auf deinem eigenen inneren sicheren Wissen. Du setzt entsprechend um. Und danach widmest du dich wieder deinem eigenen Leben und anderen Dingen.

Bist du aktiver Teil des Projektes Erde heisst dies, dass dein derzeitiges Leben ganz normal weiterläuft und du weiterhin auch wichtiger und normaler menschlicher Teil der menschlichen Gesellschaft bist. Du wirkst in den menschlichen Lebensraum hinein und du tust dies sehr oft gut verwurzelt in der menschlichen Gesellschaft mitten unter den Menschen. Die menschliche Vorstellung, dass sich nun mit dem Beginn deiner wesentlichen Aufgabe dein ganzes Leben dreht, ist somit falsch. Einerseits. Andererseits verändert sich für dich persönlich sehr deutlich, kannst du selbst doch erkennen, dass deine wesentliche Aufgabe mehr Gewicht erhält und sich das restliche Leben ein Stück weit unterordnet und anpasst.

Bist du achtsam, wirst du feststellen, dass du die einzige Person bist, der dies auffällt. Für alle anderen scheint ganz normal weiterzugehen. Und das ist gut so und wird auch so bleiben. Gleichzeitig erfährst du dich wiederholt entlastet von menschlichen Aufgaben, erhältst zusätzliche Zeit für persönliche Regeneration und du selbst erfasst sehr deutlich die hohe Gewichtung deiner wesentlichen Aufgabe. Dies alles geschieht anders, als menschlich allgemein üblich oder kognitiv gedacht und so musst du vermutlich erst praktisch erfahren, um tatsächlich zu wissen.

Energiebasiert wird honoriert und es fliesst entsprechend zurück. Und auch dies verhält sich anders als im menschlichen Lebensraum üblich und es hilft dir, wenn du dich bewusst einführen und dir aufzeigen lässt.

Bewusstheit enthält eine grosse Kraft und so ermutigen wir dich, überall dort, wo sie dir noch etwas fehlt, bewusst zu erlauben, dass sich dir entsprechend öffnet. Energiebasierte Aufgaben werden derzeit noch nicht immer finanziell ausgeglichen und deshalb erscheint es uns wichtig, dass du in diesen Situationen, um den entsprechenden Ausgleich weisst. Wesentliche Aufgaben sind keine ehrenamtlichen Aufgaben und du tust sie auch nicht selbstlos „für das Gute". Menschliche Haltungen, die so manches Mal dann noch einmal anklingen, sobald deine wesentlichen Aufgaben mehr und mehr Raum einnehmen, in deinem menschlichen Alltag.

Bei energiebasierten Projekten erhältst du nicht unbedingt Geld als Ausgleich. Gleichwohl erhältst du ganzheitlichen Ausgleich, der deinem jeweiligen Einsatz entspricht.

Und wenn du magst, lass dich sehr bewusst von deinem eigenen inneren wesentlichen Selbst in die Thematik einführen. Auf dass du umfassend weisst und du dadurch ruhig und sicher sein kannst, im Neuen.

Als Mensch kennst du „entweder – oder". Die energiebasierte Dimension lebt ein grundsätzliches „sowohl als auch".
Und so:
- Arbeitest du in einem menschlichen Beruf und verdienst dort dein Geld.
- Bist du aktiver Teil eines energiebasierten Projektes und erhältst entsprechenden ganzheitlichen Ausgleich.

Und gleichzeitig vermischen sich beide Aspekte und in beiden ist auch das jeweils andere.

Eine Aufgabe im Rahmen eines energiebasierten Projektes erledigst du nicht nebenbei. Dein Alltag ordnet sich stattdessen natürlicherweise entsprechend deiner jeweiligen Aufgaben. Du hast zudem jederzeit ausreichend Ressourcen zur Verfügung. Dies geschieht natürlicherweise, sofern du bewusst loslässt und dich fortlaufend auf deine authentischen inneren Impulse einlässt. Bist du der energiebasierten Dimension angebunden, entfällt Planung und Organisation. Du verfügst nun jederzeit über dasjenige das du Hier und Jetzt jeweils benötigst.

Wir haben in einigen anderen Bücher wiederholt geschrieben: Dein grundsätzlicher Lebensmodus ändert sich deutlich, sobald du der energiebasierten Dimension unterstellt bist. Diese Gegebenheit gilt auch im Bereich der energiebasierten Projekte und es hilft dir, wenn du die dadurch entstandene neue Situation umfassend verstehst.

Energiebasiert fliesst natürlicherweise ineinander, sofern du dies frei zulässt.

Dabei ordnet sich fortlaufend gemäss den jeweiligen Prioritäten und gemäss deinen jeweiligen authentischen Bedürfnissen. Dein Lebensmodus ändert grundlegend, sobald du der energiebasierten Dimension unterstellt bist. Dein äusserliches menschliches Leben hingegen, bleibt mehr oder weniger so wie es bisher war, auch wenn es sich allenfalls in einigen Bereichen noch etwas passender gestaltet.

2.2 Projekt Erde

Hast du dir vor deiner jetzigen menschlichen Inkarnation eingeplant, aktives Mitglied des Projektes Erde zu sein, beginnt sich im Laufe deiner Bewusstwerdung eine Ahnung zu verfestigen, dass du Teil eines grossen energiebasierten Projekt bist. Zu Beginn mag dieser Eindruck noch etwas unklar und fluktuierend sein. Mit der Zeit verfestigt er sich dann jedoch zunehmend und irgendwann weisst du rein, sicher und klar: Du bist aktives Mitglied des Projektes Erde. Eine Grundvoraussetzung, um dieses Buch gewinnbringend lesen zu können, macht es ansonsten doch keinerlei Sinn. Beginnen dann deine wesentlichen Aufgaben mehr und mehr Raum einzunehmen, in deinem derzeitigen Leben, empfiehlt es sich, sehr bewusst nach deiner derzeitigen Funktion (samt dazugehörigen Aufgaben) im Projekt Erde zu fragen. So lange, bis du auch dies rein, sicher und klar in dir weisst.

Energiebasiert wird nicht geplant. Es entwickelt sich fortlaufend. Und so ist stetig in Bewegung und du bist immer dort, wo du dich und deine Fähigkeiten optimal einbringen, und dich gleichzeitig fortlaufend weiterentwickeln kannst. Es geschieht dir dasjenige das dir optimal dient. Rein sachlich betrachtet, ist es deshalb müssig, dich in irgendwelche Vorstellungen zu verhängen oder dich mit anderen zu vergleichen.

Wir haben es bereits mehrmals geschrieben: Du führst längst kein durchschnittlich normales menschliches Leben mehr. Und so blockiert dich eine diesbezügliche Einordnung oder auch ein Vergleichen mit anderen, durchschnittlichen Menschen, ohne dich in irgendeiner Art zu fördern. Es macht jedoch auch keinen Sinn, dich nun als eine Art Superheld / In zu fühlen, weil du Teil eines sehr schönen und hilfreichen Projektes bist. Du bist wertvoll, das stimmt. Du hast unglaubliches geleistet. Das stimmt auch. Dir fliesst automatisch Ehre und Wertschätzung zu und dies kannst du deutlich wahrnehmen, wenn du bewusst darauf achtest. Gleichzeitig ist die energiebasierte Ebene in vielerlei Hinsicht „emotionslos", weil nicht emotional verhängt. Und so verhält sich deine wesentliche Grösse in der energiebasierten Dimension anders als unter den Menschen allgemein üblich und dessen gilt es nun mehr und mehr bewusst zu werden.

In der energiebasierten Dimension wird nicht bewertet und verglichen. Es wird stattdessen erfasst und erkannt. Wertfrei und gleichzeitig rein, klar und transparent. Unterstehst du der energiebasierten Ebene, verändert sich dein Leben und deine Grundhaltung auch in dieser Hinsicht. Etwas, das deine Mitmenschen wiederholt irritiert, können sie dich doch nicht mehr wirklich fassen und prallen dadurch so manche Einordnungsversuche wirkungslos und leer an dir ab.

Gleichzeitig wirst du zur starken Projektionsfläche. Deine Mitmenschen sehen ihre eigenen Themen in dir und vermögen sie dort doch nicht mehr zu bearbeiten, an und mit dir. Dies lässt dich wiederholt Herausforderung sein. Herausforderung, bei sich selbst hinzuschauen und bei sich selbst zu bearbeiten. Idealerweise bist du dir auch dessen sehr bewusst, verändern sich doch die vielfältigen unguten Verhaltensweisen deiner Mitmenschen nicht, nur weil du selbst jetzt der energiebasierten Ebene unterstellt bist.

Dein derzeitiges Leben ist dein persönlicher Weg und deine Teilnahme am Projekt Erde ist deine persönliche Aufgabe. Du führst deine jeweiligen Einsätze unter der sicheren Leitung deines eigenen inneren wesentlichen Selbst aus und du weisst jederzeit ausreichend früh und ausreichend viel. Du benötigst dadurch auf energiebasierter Ebene vieles nicht, was du im menschlichen Umfeld durchaus benötigst.

Du lebst jedoch beides: Wirken im Bereich eines grossen globalen Projektes und menschliches Leben und menschliche Aufgaben. Auch dann, wenn du dich vielfältig in energiebasierten Aufgaben bewegst, bist du doch nach wie vor Mensch und dein materiell basiertes menschliches Leben nimmt bis zu deinem letzten Atemzug grosszügig Raum ein.

29

Dessen gilt es bewusst zu sein. Menschen haben die Tendenz „zu vergeistigen" und damit auch ein Stück weit abzuspalten und so müssen die meisten im Zuge ihres persönlichen Bewusstwerdungsweges lernen, sich gut in der Materie und im materiellen menschlichen Lebensraum zu verwurzeln und gleichzeitig zu erfassen, dass die energiebasierte Dimension eine sehr reale ist.

Öffnet sich dir die energiebasierte Dimension, beginnst du zunehmend in zwei Dimensionen gleichzeitig zu leben, und dies geschieht deutlich anders, als sich ein menschlicher Geist vorzustellen vermag. Also musst du praktisch erfassend erleben. Du selbst. So lange, bis du umfassend verstanden hast.

Das Projekt Erde besteht aus verschiedenen Segmenten und auf diese möchten wir im Rahmen der vorliegenden Buchreihe etwas tiefer eingehen. Im vorliegenden Buch wird es in erster Linie um Basis-Aspekte eines energiebasierten Projektes und den Aspekt der Frequenzerhöhung gehen. Das Buch legt sozusagen das Fundament für die nächsten Bücher.

Kernthema des Projektes ist die planetare Frequenzerhöhung. Ein Thema, das viele Facetten hat und uns durch die gesamte Buchreihe immer wieder begleiten wird.

3. Planetare Frequenzerhöhung

Wir erhöhen gemeinsam die Grundschwingungsfrequenz des Planeten Erde. Im Bewusstsein, dass sich dadurch sämtliche hier vorhandenen Frequenzen automatisch mit erhöhen. Jede Frequenzerhöhung verändert nachhaltig und so will die Thematik ausführlich und umfassend studiert sein, bevor sie praktisch angewendet wird. Jeder Mensch, der im Bereich der plantaren Frequenzerhöhung aktiv tätig ist, ist somit aufgefordert, bewusst und aktiv zu studieren. So lange, bis er umfassend verstanden hat. Wir wollen mit dem Projekt weder Chaos oder Unruhe auslösen noch in irgendeiner Form Schaden anrichten, und so arbeiten wir äusserst sorgsam und sehr bewusst.

Damit du selbst einsatzfähig wirst, benötigst du somit einerseits ein umfassendes Wissen bezüglich der Thematik Frequenzerhöhung, andererseits jedoch auch eine sehr hohe Bewusstheit und Achtsamkeit in deinem Wirken. Wir benötigen keine Helden und keine Einzelkämpfer. Wir benötigen stattdessen sehr bewusste und fähige Menschen, die um ihre eigene wesentliche Grösse und ihre eigenen wesentlichen Fähigkeiten wissen und sich gleichzeitig bewusst sind, dass sie immer lediglich ein Teil des Grossen Ganzen sind.

Du musst Grösse, Macht und Demut in dir selbst harmonisiert haben, somit. Etwas, das du rein und klar in dir weisst, sobald dem so ist. Du musst zudem deine wesentlichen Fähigkeiten sehr gut kennen. In jeglicher Hinsicht.

Lebst du in der energiebasierten und in der materiell basierten Dimension gleichzeitig und bist der energiebasierten Dimension unterstellt, weisst du erst energiebasiert. Du weisst, obwohl sich in der materiell basierten Dimension noch nichts davon zeigt. Begibst du dich in dieser Situation bewusst in deine erweiterte energiebasierte Wahrnehmung, kannst du das Wissen als Energiefeld in deiner Umgebung wahrnehmen. Begibst du dich sodann bewusst in das besagte Energiefeld, erhältst du dort weitere für dich wichtige Informationen. Gib diesen Informationen bewusst Raum in dir selbst und erlaube, dass sich zu deinem Höchsten und Besten entwickeln darf. In aller Regel wird nun im Aussen erst einmal gar nichts geschehen und dein derzeitiges Leben wird ganz normal und unverändert weiterlaufen. Begibst du dich jedoch ab und zu in das Energiefeld des Neuen, kannst du dort wahrnehmen, wie es Schritt für Schritt stärker wird und sich dabei fortlaufend mit neuen Informationen füllt. Irgendwann zeigt sich dann das erste entsprechende Puzzleteil ganz praktisch materiell basiert und ab diesem Zeitpunkt musst du dich eigentlich einfach nur noch Schritt für Schritt innerlich führen lassen.

Energiebasiert ist sehr persönlich. Und dessen gilt es bewusst zu sein. Du kannst dein eigenes Erleben nicht 1:1 auf andere Menschen übertragen und solltest dies, spätestens ab deiner persönlichen Anbindung an die energiebasierte Dimension sehr bewusst auch nicht (mehr) tun. Energiebasiert geschieht immer entsprechend dem jeweiligen persönlichen Entwicklungsstatus und der jeweiligen persönlichen Aufgaben. Ein energiebasierter Lehrer ist sich dessen bewusst und lehrt dadurch auch deutlich anders, als dies ein durchschnittlicher menschlicher Lehrer tut. Und hast du in deinem bisherigen Leben wiederholt gelehrt, kann es sein, dass du auch in diesem Bereich wiederholt energiebasiert agiert hast und dadurch so manche Projektion und so manch Unschönes erfahren hast. Klingen die Worte in dir an, erlaube bewusst, dass sich auch in diesem Bereich nachhaltig klärt, auf dass du nachhaltig frei bist.

Ein energiebasierter Lehrer ist konsequent im Hier und Jetzt, erfasst in komplexer Grösse und agiert immer zum Höchsten und Besten des jeweiligen Gegenübers. Dies geschieht ausserhalb von vorgegebenen Lehrplänen oder Zielen, die andere Menschen definiert haben.

Und gehörst du zu denjenigen Menschen, die die Fähigkeit des energiebasierten Lehrens in sich tragen, hilft es dir, wenn du dir bewusst bist, dass du ausserhalb der derzeit gängigen menschlichen Vorstellungen lehrst. Auch in diesem Bereich benötigt es lediglich deine eigene vollumfängliche Bewusstheit, damit in deinem Aussen ruhig wird und ruhig ist. Ist in dir selbst klar, können dich deine Mitmenschen nicht mehr mit ihren eigenen Vorstellungen behaften. Die energiebasierte Evolution wirkt auch in diesem Bereich. Zu deiner eigenen Entlastung. Und wenn du magst, nimm die Thematik bewusst mit in deine nächsten Tage, beobachte bewusst und lass dich von deinem eigenen inneren wesentlichen Selbst bewusst einführen.

Frequenzen lassen sich auf verschiedene Art und Weisen erhöhen:

- Deine eigene hohe Schwingungsfrequenz lässt die Frequenzen deines jeweiligen Umfeldes sich unwillkürlich nach oben bewegen.

- Löst du belastende Energieformen oder Energiefelder bewusst auf, erhöht sich die Schwingungsfrequenz des jeweiligen Ortes, der jeweiligen Thematik, des jeweiligen Systems oder auch des jeweiligen Menschen.

- Auch ein bewusstes Wirken mit hochfrequenten Energieformen oder gar mit Licht erhöht die jeweiligen Frequenzen.
- Das bewusste Aufarbeiten belastender Lebensereignisse, aber auch das bewusste Auflösen einengender Verhaltens- oder Denkmuster erhöht die Frequenz des jeweiligen Menschen ebenfalls.
- Lebensfördernde Frequenzen wie Lachen, bedingungslose Liebe, Lebendigkeit, natürliche Ordnungen und gesunde Strukturen usw. haben eine erhöhende Wirkung auf die Grundschwingungsfrequenz von Menschen.

Jede Form der Frequenzerhöhung destabilisiert unwillkürlich und so läufst du nun nicht durch deinen menschlichen Alltag und erhöhst fortwährend Frequenzen. Im Gegenteil; so manches Mal senkst du diese auch bewusst etwas, um Menschen oder ganze Systeme vorübergehend zu stabilisieren.
Frequenzerhöhung gehört zu den wesentlichen Aufgaben und so untersteht sie auch vollumfänglich dem wesentlichen Selbst eines Menschen.

Dein menschlicher Geist hat dadurch keinerlei Einfluss und so musst du im Bereich dieser Aufgabe innerlich ein Stück weit loslassen und dich bewusst auf die Führung deines eigenen inneren wesentlichen Selbst einlassen.

Frequenzerhöhung lockert Energiefelder und Energieformen, in den menschlichen Systemen. Und bist du im Bereich der Frequenzerhöhung unterwegs, ist oft unruhig, unschön, schwierig und belastend, in deinem jeweiligen Umfeld. Der lichtbasierte menschliche Körper unterstützt dich hier nachhaltig: Das Unschöne perlt an dir ab. Etwas, das du vermutlich einige Male bewusst erleben musst, damit du umfassend erkennst. Gleichzeitig trägt diese Gegebenheit natürlicherweise wiederholt zu Irritationen deiner Mitmenschen bei. Du lässt dich nicht mehr emotional verhängen und deine Mitmenschen fühlen sich wiederholt nicht ernst genommen und verstanden, im Ausagieren ihrer eigenen Themen, die sie auf dich oder andere Menschen projizieren. Es perlt sichtlich an dir ab und dies irritiert. Bleibst du nun weiterhin bewusst ruhig und klar, können dich auch diese Irritationen nicht mehr berühren. Du bist nun ganzheitlich gut und umfassend geschützt. Etwas, das wir während mehreren Jahrhunderten zu erreichen versucht haben und uns nun, dank des lichtbasierten menschlichen Körpers endlich gelingt. Etwas, das deutlich entlastet. Endlich!

Besitzt du einen lichtbasierten menschlichen Körper, trägst du natürlicherweise eine sehr hohe Grundschwingungsfrequenz in dir. Dies wiederum, fördert die planetare Frequenzerhöhung erheblich. Wo immer du dich auch befindest: Du erhöhst die dortige Schwingungsfrequenz. Natürlicherweise. Alleine durch dein Sein. Gleichzeitig vervielfacht dein lichtbasierter menschlicher Körper deine Kraft und Macht, um mit Licht zu wirken. Und auch diese Gegebenheit unterstützt die planetare Frequenzerhöhung. Wir bitten dich, bewusst zu beobachten, bewusst zu erlauben, dass du umfassend erkennst, auf dass du weisst, wie ungemein wertvoll und gross du wirkst. Bitte lass bewusst in voller Grösse zu. Es ist wichtig, dass du selbst vollständig weisst und verstehts und diesem Wissen bewusst in dir selbst Raum gibst. Ist in dir offenbar, wirkt sich dies positiv in deinem gesamten menschlichen Leben aus. Anders, als du dir mittels deines menschlichen Geistes allenfalls vorstellst. Sehr anders. Und gleichzeitig doch ungemein wohltuend und wertvoll. Für dich selbst. Nur für dich selbst. Jenseits von menschlichen Normen und Vorstellungen.

3.1 Projektgruppen planetare Frequenzerhöhung

Wir sind mittlerweile in der komfortablen Lage, dass einige Menschen ihre wesentliche Schwingungsfrequenz stabil erreicht haben und es werden beinahe täglich mehr davon. Und so ist es nun an der Zeit, dass wir bewusst in (zusätzlichen) Projektgruppen zu arbeiten beginnen. Die ersten dieser (zusätzlichen) Projektgruppen sind vor einiger Zeit gestartet und wir konnten bereits einige diesbezügliche Erfolge verbuchen. Bist du Teil einer solchen Projektgruppe weisst du dies sicher in dir selbst. Du weisst dann auch, wo konkret ihr wirkt und, du erkennst deine persönlichen Einsätze. Wir wirken meist mit Licht oder Schwingungs- Konstrukten. Gemeinsam, aber auch immer wieder individuell. Dabei kennen sich die einzelnen Projektmitglieder in aller Regel nicht und meist lernen sie sich auch nie persönlich kennen. Manchmal, wenn du gemeinsam mit anderen wirkst, kannst du deren Energiesignaturen erfassen und so manches Mal erfasst du sie auch als Persönlichkeit. Dies ist allerdings nicht wirklich wichtig. Das Gemeinsame geschieht auch ohne bewusstes Kennen.

Mit Ausnahme der Persönlichkeit, die das Projekt leitet, selbstverständlich. Orientiert sich doch das gesamte Projekt an deren Energiesignatur und Frequenz.

Die interne Kommunikation findet ausschliesslich energiebasiert statt und so weisst du immer dasjenige das du wissen musst. Du bist zudem jederzeit zur richtigen Zeit am richtigen Ort und weisst dann, was deine persönliche Aufgabe ist. Mehr benötigt es nicht, aus energiebasierter Sicht.

Gleichzeitig möchten wir dich an dieser Stelle darauf hinweisen, dass sich in der energiebasierten Dimension fortlaufend bewegt und dadurch auch immer wieder anders ist und anders geschieht. Materiell basiert kannst du dich mit der Zeit in eine gewisse vertraute Routine fallen lassen und dies gibt dir Sicherheit. Energiebasiert liegt die Sicherheit ausschliesslich in dir selbst und im Aussen ist immer wieder anders. Diese Gegebenheit gilt es zu erfassen, damit dir in energiebasierten Projekten auch wohl ist.

Energiebasierte Projekte werden mittels Frequenzen und Schwingung geleitet und so basieren sie letztendlich auch auf Schwingung. Und auch dessen gilt es nicht nur bewusst zu sein, du musst die Thematik auch umfassend verstehen. Wir arbeiten vorwiegend mit Frequenzen und Schwingung und so hilft es dir, wenn der Bereich auch deinem menschlichen Selbst zunehmend vertraut wird und auch dein menschliches Selbst zunehmend versteht. Auf seine ganz eigene Art und Weise.

Wir wirken jedoch nicht nur mit Schwingung und Licht, wir wirken auch durch bewusste Transformations-Arbeit. Eine Arbeit, die die planetare Schwingungsfrequenz ebenfalls nachhaltig anzuheben vermag. Auch diese Arbeit geschieht individuell und gemeinsam. Arbeitet ihr gemeinsam, trefft ihr euch in Gruppen und transformiert dort bestimmte gesellschaftliche Themen. Die Unterdrückung der Frau, zum Beispiel. Aber auch die Thematik der Bewertung oder der Kontrolle. Ihr trefft euch menschlich materiell basiert im Rahmen eines menschlichen Teams oder einer menschlichen (Reise-, Musik- usw.) Gruppe und seid doch gleichzeitig auch energiebasierte Projektgruppe. Im Rahmen dieser Aufgabe agiert ihr, zusätzlich zu den jeweiligen menschlichen Aufgaben oder Schwerpunkte, gewisse gesellschaftliche Themen bewusst aus und transformiert sie dadurch nachhaltig.

Meist implementiert ihr zudem, parallel dazu, neue und heilsame Lösungen im Bereich der jeweiligen Thematik. Dies alles geschieht derzeit noch viel zu häufig unbewusst und generiert dadurch so manche persönliche und gruppendynamische Unruhe.

Etwas, das nicht sein müsste, verfügen doch alle Projektgruppen-Mitglieder über eine ausreichend hohe Bewusstheit, um umfassend erkennen und dadurch bewusster und gelassener mit den manchmal unüblichen oder unangenehmen Situationen und den wiederholt auftauchenden Nebenwirkungen umgehen zu können. Und wenn du magst, frage bewusst, ob du selbst bereits in solchen Projektgruppen bist und falls dem so ist, lass dir bewusst aufzeigen, was ihr dort tut. Je bewusster du weisst und lebst, umso ruhiger wird dein menschliches Selbst und dadurch dein menschlicher Alltag.

An dieser Stelle erlauben wir uns, dich auf eine energiebasierte Gegebenheit hinzuweisen, die auch im Rahmen der soeben beschriebenen Projektgruppen stattfindet: Es öffnet sich individuell. Immer dasjenige das demjenigen optimal dient. Was du somit klar und rein weisst, wissen vermutlich die meisten anderen Projektmitglieder nicht unbedingt. Sie müssen dies auch nicht wissen. Sie selbst, wissen dasjenige das sie persönlich benötigen und ihnen optimal dient. Dinge, die wiederum allenfalls du selbst nicht unbedingt weisst, weil es dir nicht dient und du es auch nicht benötigst.

Menschen diskutieren oft und vertreten so manches Mal auch die Meinung, dass jedes Teammitglied alle Informationen benötigt. Die energiebasierte Ebene funktioniert auch in diesem Bereich anders. Es benötigt hier keine Diskussionen und auch keinen Informationsaustausch. In der energiebasierten Dimension erhältst du natürlicherweise diejenigen Situationen und Informationen, die du benötigst. Du ganz persönlich. Du, für dich selbst und für deine Aufgaben. Die energiebasierte Ebene fokussiert dich. Dich, dein Befinden, dein Verhalten, deine Aufgaben und deine Weiterentwicklung. Da muss niemand im Aussen Sorge dafür tragen. Und somit ist dann auch das Agieren deiner jeweiligen Mitmenschen nicht deine Angelegenheit.

Bist du aktives Mitglied des Projektes Erde, wechseln die Gründe, weshalb Dinge geschehen.

Und es hilft dir, wenn du dir dessen nicht nur bewusst bist, sondern du zunehmend auch grundsätzlich und umfassend verstehst und weisst.

- Du erfährst wiederholt Situationen, die Themen enthalten, die du mittels deines bewussten Durchlebens transformierst. Diese Themen stehen nicht in Relation mit dir selbst, obwohl es meist so scheint.

- Du bist an bestimmten Orten, um bestimmte Menschen zu unterstützen und zu befähigen oder in ihrer derzeitigen Frequenzerhöhung zu stärken.

- Du befindest dich wiederholt in Settings, die deine hohe und reine Frequenz benötigen, um sich nachhaltig positiv verändern zu können.

Bist du der energiebasierten Dimension unterstellt, bist du aus dem derzeitigen Weltwirtschafts-System herausgelöst. Eine Angelegenheit, die derzeit noch stark verunsichert, obwohl sie gleichzeitig ungemein befreit. Gleichzeitig tauchst du sehr bewusst in die diversen diesbezüglichen Themen ein und transformierst und entwickelst neue heilsame und freie Wege. Du tust dies alleine und gemeinsam mit anderen. Du tust dies assoziiert, damit dir gelingt. Und dies verleitet logischerweise, dich in Relation mit den jeweiligen Situationen zu setzen.

Etwas, das du sehr bewusst vermeiden solltest. Und so hilft es dir, wenn du dich sehr bewusst wiederholt zurückziehst, dich in einen bewussten inneren Dialog begibst und erlaubst, dass du umfassend erkennst. Nur so kannst du deine wesentliche Arbeit tun, ohne dass dein menschliches Selbst Schaden nimmt. Dessen gilt es bewusst zu sein.

Du transformierst, indem du assoziiert durchlebst.

Die dabei durchlebten Themen haben in aller Regel nichts mehr mit dir persönlich zu tun, auch wenn es sich wiederholt, so anfühlt (die Reinigung / Heilung der Weiblichkeit, zum Beispiel). Und so darfst du auch immer wieder bewusst aus ihnen aussteigen, dich bewusst reinigen und ausreichend Pausen einlegen. Deine diesbezügliche Bewusstheit hilft dir, dich nicht mental in die jeweiligen Themen zu verfangen und, dich nicht von deinen Mitmenschen mit den Themen in Beziehung setzen zu lassen. Menschen setzen sehr oft in Beziehung. Eine Verhaltensweise, die nichtig wird, sobald ein Mensch der energiebasierten Ebene unterstellt ist.
Deine Mitmenschen sind sich dessen nicht bewusst. Du hingegen, solltest es sein.

Hast du deine eigene
Grundschwingungsfrequenz stabil erreicht und
ggf. allenfalls gar einen lichtbasierten
menschlichen Körper, nimmst du in aller Regel
Schwingungen überdeutlich wahr. Du betrittst
ein Gebäude und würdest es am liebsten rasch
möglichst wieder verlassen. Obwohl es, rein
materiell basiert betrachtet, wunderschön
aussieht, so ekeln dich doch die dort
verhangenen Energieformen und die tiefen
Schwingungsfrequenzen stossen dich ab.
Widerstehst du nun deinem natürlichen Drang
und bleibst stattdessen sehr bewusst stehen,
gibst deiner eigenen wesentlichen
Schwingungsfrequenz bewusst Raum und
erlaubst, dass zum Höchsten und Besten aller
Beteiligten geschehen darf, löst sich deine innere
Abneigung auf. Du kannst bleiben und dabei
stabil verändern.

Der Schlüssel liegt in deiner bewusst gehaltenen
eigenen wesentlichen Schwingungsfrequenz und
dadurch in deiner Entscheidung, dich bewusst
auf dich selbst und deine eigene Frequenz zu
fokussieren. Lässt du dich stattdessen ablenken
und konzentrierst dich auf dein jeweiliges
Äusseres, verlierst du deine natürliche Kraft. Und
so benötigst du einerseits eine diesbezügliche
Bewusstheit.
Andererseits vermutlich jedoch auch etwas
bewusstes praktisches Training, bis du
umfassend verstanden hast und du fähig bist, die

beschriebene Aufgabe wiederholt bewusst auszuführen, ohne dass dein menschliches Selbst beschädigt wird.

Die grösste negative Nebenwirkung deines bisherigen Einsatzes war die vielfältige Beschädigung deines derzeitigen menschlichen Selbst. Wir haben dies in den letzten Jahrhunderten sehr bewusst in Kauf genommen. Unschön und belastend war es dennoch. Nun dürfen wir ein letztes Mal bewusst aufarbeiten und sind danach nachhaltig frei, von dieser herausfordernden Nebenwirkung. Die beschriebene Gegebenheit hat dich dein ganzes derzeitiges Leben begleitet und so kann es gut sein, dass du dem Neuen noch nicht so ganz traust und erwartest, dass es erneut schwierig und belastend wird, in deinem menschlichen Alltag. Völlig verständlich. Deine Erfahrungen haben dich deutlich geprägt.

Gleichzeitig darfst du sie nun jedoch alle sehr bewusst loslassen, sehr bewusst und achtsam beobachten und dabei mit immer grösserer Sicherheit erkennen, dass sich sichtlich verändert hat und dies auch so bleibt.

Die Kernaufgabe des Projektes Erde liegt in der planetaren Frequenzerhöhung. Beginnen sich Frequenzen nachhaltig zu erhöhen, verändert sich unwillkürlich nachhaltig positiv. Und dies möchten wir sehr bewusst erreichen. Dabei geschieht typisch energiebasiert: Zirkulär, dem jeweiligen Umfeld optimal angepasst und ohne die konkreten Resultate bereits zu Beginn wissen zu müssen und zu können. Das Resultat ist eine nachhaltig positive Veränderung und dadurch nachhaltig positive Lebensbedingungen für alle Lebewesen auf dem Planeten. Wie genau das aussehen wird, weiss derzeit noch niemand. Und so möchten wir dich an dieser Stelle darauf hinweisen, dass sich Menschen gewohnt sind, sich mentale Ziele zu stecken und sich sehr bewusst an gewünschten klar definierten Resultaten im vorne zu orientieren. Ein typisch menschliches Verhalten, das dir in der energiebasierten Dimension nicht dient und du im Bereich energiebasierter Projekte bewusst loslassen musst. Du kannst nicht sagen, was genau dein Wirken auslöst. Und damit musst du leben (können).

Du kannst gleichzeitig jedoch mit vollständiger Sicherheit sagen, dass die Wirkung positiv ist und die Veränderung zum Höchsten und Besten aller Beteiligter dient.

Bist du achtsam, wirst du erkennen können, dass es sich dabei – menschlich materiell basiert betrachtet – um eine bestimmte Grundhaltung und dadurch – energiebasiert betrachtet – um eine bestimmte Schwingungsfrequenz handelt. Besagte Frequenz ist die Basis des erfolgreichen energiebasierten Wirkens.

Mentale Vorstellungen blockieren das energiebasierte Entstehen. Sie schränken ein und verunmöglichen sehr oft das jeweils bestmögliche Resultat. Dessen gilt es nicht nur bewusst zu sein, du musst vermutlich auch sehr bewusst «umlernen». Du blockierst, wenn du «menschlich materiell basiert nach vorne denkst und schaust». Ein menschliches Verhalten, das meist unbewusst abläuft und gleichzeitig jedoch aus energiebasierter Sicht, Energien «umlenkt». Du prägst bewusst mit und so können sich die Energien nicht frei entwickeln. Der menschliche Geist ist materiell basiert geprägt und dadurch deutlich eingeschränkt, aus energiebasierter Sicht betrachtet. Und so minimierst du mit mentalen Vorstellungen das Resultat, das entstehen könnte, wenn es energiebasiert, frei entstehen dürfte.

Energiebasiert entwickelt sich auf der Basis von Frequenzen. Gesundheit ist eine hohe Schwingungsfrequenz und basiert auf hohen und reinen Frequenzen, zum Beispiel. Armut ist eine tiefe Schwingungsfrequenz und basiert auf ganzheitlicher Enge und einer tiefen, negativen und oft mit dunklen Energieformen verhängte Schwingungsfrequenz, als anders Beispiel. Wären Menschen bewusst, könnten sie ihr Leben eigenständig mittels Frequenzen verändern. Die meisten derzeitigen Menschen können dies noch nicht eigenständig tun. Du hingegen schon. Und so laden wir dich ein, dies auch sehr bewusst in deinem eigenen Leben zu tun. Einerseits als energiebasiertes Vorbild, andererseits als Basis deiner persönlichen Fülle und deiner persönlichen praktischen Lernerfahrungen. Du kannst nur lehren, was du umfassend kennst. Und dazu gehört immer auch die selbst erfahrene Praxis.

Die energiebasierte Ebene basiert auf Schwingung und Frequenzen, letztendlich. Und jegliches Wirken, sei es die Arbeit mit hochfrequenten Energien, bewusste Energieverschiebungen mittels Schwingung oder auch das Wirken mit Licht, verändert die jeweilige Frequenz und wirkt dadurch gemäss der energiebasierten Evolution. Gleichzeitig untersteht es jedoch auch den energiebasierten Gesetzmässigkeiten.

Dies bedeutet: Wirkst du energiebasiert, hast du keinerlei bewussten Einfluss auf die jeweiligen Auswirkungen. Es entwickelt sich grundsätzlich dasjenige das den jeweiligen Menschen oder Regionen grösstmöglich dient. Immer. Gleichzeitig kann niemand das jeweilige Resultat bewusst beeinflussen. Es geschieht, was optimal dient. Natürlicherweise. Menschen fokussieren Resultate, Leistung und Erfolg. Beginnst du dann jedoch energiebasiert zu wirken, musst du deinen Blickwinkel bewusst verändern und deinen Fokus auf Schwingung und Frequenzen legen: Die Ausgangsfrequenz und die «Wirk-Frequenz». Der Rest liegt ausserhalb deiner Wirksamkeit und ausserhalb deiner Verantwortung. Dessen gilt es bewusst zu sein.

3.2 Bewusste Veränderung gesellschaftlicher Themen

Im menschlich materiell basierten Lebensraum musst du in die Politik, in die (Hochschul- / universitäre-) Bildung oder in hohe Leitungsfunktionen, um in gesellschaftlichen Themen zu prägen. Selbstverständlich kann es sein, dass du dich in diesen Gremien bewegst. Gleichzeitig verändern wir vorwiegend energiebasiert, auch in diesem Bereich.

- Wir begeben uns assoziiert in die jeweiligen Themen, agieren sie aus und lösen sie auf diese Weise mehr und mehr auf.

- Wir transformieren in den jeweiligen Themen oder gesellschaftlichen Bereichen verhängte negative Energieformen und einengende menschliche Wirklichkeiten.

- Wir halten unsere eigene hohe Schwingungsfrequenz stabil hoch und initiieren dadurch nachhaltige Frequenzerhöhungen in den jeweiligen Themen, was wiederum nachhaltig positiv und lebensfördernd verändert.

- Wir leben neue, wohltuende Aspekte bewusst aus und implementieren sie so ein erstes Mal, in der menschlichen Gesellschaft.

Wir sind sehr an der Basis, somit. Sehr oft dort, wo wenig Licht ist, und wenig Bewusstheit herrscht. Unsere Arbeit ist meist eine unscheinbare, ist doch für die meisten Menschen nicht ersichtlich, was genau wir tun. Du selbst solltest dir dessen jedoch jederzeit sehr bewusst sein. Du bist im Aussen ganz normaler Mensch mit ganz normalen menschlichen Aufgaben. Gleichzeitig bist du wertvolles und aktives Mitglied im Projekt Erde und was immer du in deinem menschlichen Leben tust, richtet sich nach dieser wesentlichen Aufgabe.

Auch wenn du in dem Setting, in dem du dich derzeit gerade bewegst, einen scheinbar normalen menschlichen Beruf ausübst, so wirst du unschwer erkennen können, dass du gleichzeitig auch im Projekt Erde tätig bist und in der Thematik deines derzeitigen Arbeitsortes nachhaltig gesellschaftlich veränderst. Du bist dort, weil es dich explizit an diesem Ort und in den dazugehörigen Themen benötigt. Und da du nach wie vor immer auch ganz normaler Mensch bist, hilft es dir, wenn du dir dieser Thematik bewusst bist.
Dies hilft dir, besser einordnen und auch besser verstehen zu können, weshalb dir gewisse Situationen begegnen, zu denen du bisher kaum Resonanz hattest. Besagte Situationen haben keinerlei Bezug zu dir persönlich. Wohl jedoch zu deiner wesentlichen Aufgabe.

Und gerade, wenn du bewusst auslebst, ist es wichtig, dass du selbst weisst, dass sich die Themen nicht in Relation mit dir selbst, deiner Persönlichkeit oder deinen Charakterzügen setzen lassen. Auch, wenn diese Verbindung meist erstellt wird, im menschlichen Lebensraum und du dir bei deiner so wichtigen und wertvollen Aufgabe so manche diesbezügliche Überlagerung einfangen kannst. Sei dir der möglichen Überlagerungen bewusst und löse sie sehr bewusst auf. Sei dir auch deiner jeweiligen Arbeit sehr bewusst und erledige sie sehr bewusst. Agiere aus, im Wissen, dass du dadurch nachhaltig auflöst. Immer und immer wieder.

Die beschriebene Aufgabe wird derzeit noch von vielen Menschen in unbewusster Art und Weise ausgeführt und dadurch werden sie wiederholt Opfer von Vorwürfen und falsch verhängten Prädikaten und verfangen sich zudem so manches Mal in Selbstanklage, eigenen Schuldvorwürfen oder Versagensgefühlen. Eine Nebenwirkung, der nur mit zunehmender Bewusstheit beizukommen ist. Du musst wissen, wer du bist und weshalb du dich Hier und Jetzt in dieser einen menschlichen Verkörperung befindest. Du musst ganzheitliche erfassen, weshalb du an den Orten bist, an denen du dich derzeit befindest. Und, du musst verstehen, was du weshalb tust.

Es hilft dir zudem, wenn du sehr bewusst fortlaufend auf energiebasierter Ebene auflöst, was sich in deinem persönlichen Energieraum verhängen möchte. Auf dass du frei bist und frei weiterarbeiten kannst.

Liest ein Mensch «bewusste Implementierung der Lichttechnologie im Bereich menschlicher Gesundheit» verknüpft er damit unwillkürlich Aufgaben im Gesundheitsbereich und die Thematik «Heilen». Nun ist menschliche Gesundheit allerdings eine ganzheitliche Geschichte und so, implementieren wir sehr viel umfassender und insbesondere sehr viel früher als menschlich gedacht.

Menschen reagieren meist erst, wenn sich der Körper deutlich meldet und bereits mehr oder weniger starke Krankheitssymptome zeigt. Bis zu diesem Zeitpunkt, liegt jedoch eine längere Spanne, in der sehr viel Ungutes und Schädigendes passiert ist. Dinge, die hätten vermieden werden können, sofern der betroffene Mensch eine bewusste und achtsame Selbstfürsorge gelebt hätte. Und so beginnt Gesundheit, energiebasiert und ganzheitlich betrachtet, mit einer sehr bewussten Auseinandersetzung mit sich selbst.

Dies wiederum, benötigt energiebasierte Lehrer, die fähig sind, Menschen dabei zu unterstützen und sie längerfristig in ein wesentliches und ganzheitlich gesundes Leben in einer höchstmöglichen Selbstermächtigung zu begleiten. Unterstützt du somit im Bereich ganzheitlicher Gesundheit, im menschlichen Lebensraum, bist du mehr Lehrerin denn Heilerin.

Verfügst du in deinem Kernwesen über die persönliche Entwicklungsstufe eines Meisters, hast du deine wesentliche Schwingungsfrequenz stabil erreicht und ist dein ganzheitliches Sein der energiebasierten Dimension angebunden, wird dein praktisches Leben ein «mehrspuriges».

Du hast «mehrere Tonspuren» in deinem Kopf.
Auf einer nimmst du die Energiefelder und Überlagerungen und damit die Gedanken anderer Menschen wahr.
Auf einer anderen nimmst du deine eigenen Gedanken wahr.
Auf wieder einer anderen «hörst» du allfällige energiebasierte Kommunikationen energiebasierter Persönlichkeiten.

Ab einer gewissen Bewusstheitsstufe geschieht dir, ohne diesbezügliche Vorwarnung und du tust gut daran, dir dessen bewusst zu sein und auch sehr bewusst zu lernen, die drei Varianten auseinander zu halten und der jeweiligen «Tonspur» zuordnen zu können.

Menschen haben viele Gedanken über dich. Und je höher deine Grundschwingungsfrequenz, umso stärker kannst du sie wahrnehmen. Erkennst du sie, als das, was sie sind, kannst du deinen eigenen guten Umgang damit finden. Idealerweise löst du sie energiebasiert auf, auf dass sie nicht mehr gedacht werden können.

Deine eigenen Gedanken erkennst du daran, dass sie in authentischer Verbindung mit deinen derzeitigen Gefühlen und Bedürfnissen stehen. Gedanken anderer Menschen stehen zwar auch irgendwie in Verbindung mit dir und deinem derzeitigen Leben, aber sie verfügen über keinerlei Verbindung mit deinem Innern. Diese Unterscheidung hilft dir in einer ersten Phase, bewusst zu erkennen.

Mit der Zeit wirst du den Unterschied dann jedoch energiebasiert wahrnehmen können. Fremde Gedanken fühlen sich sehr viel weniger dicht an als die eigenen Gedanken. Sie haben energiebasiert betrachtet eine deutlich schwächere Füllung, somit.

Auch wenn du sie mit der Zeit bewusst unterscheiden kannst, empfehlen wir dir dennoch, jeden fremden Gedanken, den du wahrnehmen kannst, bewusst aufzulösen. Prägen sie dich doch ansonsten unnötig und schwächen dich dadurch wiederholt.

Auch energiebasierte Kommunikation hat eine eigene Füllung, energiebasiert betrachtet. Und bist du achtsam und bewusst, wirst du sie mit der Zeit deutlich erkennen. Menschen haben die unschöne Angewohnheit, ungefragt in die Leben ihrer Mitmenschen hineinzusprechen. Und diese Angewohnheit behalten kürzlich verstorbene Menschen meist über einen längeren Zeitraum noch bei. Die jeweiligen Mitteilungen können hilfreich sein. Sie können jedoch genauso gut auch leer und wertlos für dich sein. Den Wert erkennst alleine du selbst. Anders verhält es sich, wenn eine Meister-Persönlichkeit in dein Leben spricht. Auch sie spricht in aller Regel ungefragt und sehr direkt. Worte, die einen sehr direkten Bezug zu deinem Hier und Jetzt haben und Themen betreffen, die du noch einmal anschauen solltest. Vielleicht musst du diese Form einige Male bewusst erleben, bis du auch sie sicher erkennst.

Triffst du in der energiebasierten Dimension auf eine andere Persönlichkeit und kommunizierst mit ihr energiebasiert, geschieht dies meist in Form von sogenannten Hologrammen und du hast plötzlich ein «ganzes Buch an Informationen» in deinem Kopf. Und hast du auch diese Form einige Male bewusst erlebt, wirst du sie jederzeit sicher erkennen. Selbstverständlich auch dein jeweiliges Gegenüber.

Du lebst mehrere Leben gleichzeitig.
Bist du vollbewusst und der energiebasierten Dimension unterstellt, kannst du dir dein vollständig perfektes menschliches Leben einrichten. Dies tust du auch, gewissermassen. Gleichzeitig folgt dein derzeitiges Leben der Spur deiner wesentlichen Aufgabe und diese weisst du in etwa in dir.
Sie ist so gross und teilweise unreal, dass du sie innerlich immer wieder einmal «verwirfst», weil nicht sein kann und ehrlicherweise derzeit ja auch nicht ist. Auch nach einigen Jahren immer noch nicht.
Du befindest dich zudem immer wieder in unschönen und dunklen gesellschaftlichen Themen. Dies lässt dich weder ein Traumleben führen noch an einem Traumarbeitsplatz wirken.

Stattdessen durchlebst du Einsamkeit, Ausgeschlossen werden, Armut usw. assoziiert aus und tust damit, unglaublich grosses im Rahmen deines derzeitigen Auftrages im Projekt Erde.

Und es hilft dir auch in diesem Bereich, wenn du die einzelnen «Lebens-Spuren» «auseinander-dröselst» und auseinanderhältst. Erst einmal für dein eigenes Verständnis. Dann auch als Vorbild für andere Menschen, haben doch die meisten ein sehr «eigenes Bild» (neutral gesprochen) von einem hochentwickelten vollbewussten Menschen und dessen menschlichem Leben.

Wenn du die beiden soeben beschriebenen Aspekte aufmerksam durchliest, wird dir vermutlich bewusst, wie ungemein herausfordernd dein Leben derzeit ist (und es ehrlicherweise immer irgendwie war).
Und wir ermutigen dich, dir dessen nicht nur bewusst zu sein, sondern die vielen Pausen und Zeiten des Rückzugs auch sehr bewusst einzuordnen. Du brauchst Raum und Zeit mit dir selbst, um grundsätzlich und gut tragen zu können, was du vielfältig erfährst. Und du brauchst Zeit, um gut und grundsätzlich zu adaptieren an das viele Neue.

Auf der Ebene, auf der du dich nun befindest, musst du dir nicht mehr erarbeiten. Du darfst stattdessen bewusst und ausreichend Raum geben, bewusst erfahren und erfassen, integrieren und adaptieren. Ein etwas anderer Fokus als du dir bisher gewohnt warst, somit.

Du bist in deinem Kernwesen eine hohe Persönlichkeit auf der Entwicklungsstufe eines Meisters (oder darüber hinaus) und gleichzeitig in dieser einen Inkarnation «ein ganz normaler Mensch», meist für die anderen Menschen gar ein eher unscheinbarer und zurückgezogener Mensch. Du bist beides. Gleichzeitig. Und um in dieser grossen Herausforderung vollumfänglich wohl sein zu können, benötigst du eine sehr bewusste Übergangszeit der inneren Verarbeitung und der ganzheitlichen Adaption. Du musst nicht nur wohltuend mit der beschriebenen Herausforderung umgehen können, du musst sie auch so ausführlich studiert haben, dass du sie umfassend verstehst. Auch, und insbesondere, die überaus hohe persönliche Leistung, die in besagter Situation steckt.

Du weisst.

Du weisst und erfasst in einem Ausmass, das sich ein durchschnittlicher Mensch nicht nur nicht vorstellen kann, die Fähigkeit liegt auch weit ausserhalb dessen, was ein durchschnittlicher Mensch erreichen kann, in seinem derzeitigen Leben.

Nun, du weisst dennoch. Und auch dies benötigt eine gewisse Adaptionsleistung, ist die beschriebene Fähigkeit doch nicht ganz so leicht zu tragen.

- Du weisst die Eckpfeiler deiner nächsten Jahre. Lange bevor sie eintreffen.
- Du erfasst jeweils den gesamten Menschen und weisst um sein Leben, wenn du ein menschliches Gegenüber triffst. Du erfasst seine derzeitigen Herausforderungen und du weisst um passende Lösungsoptionen.
- Du weisst, was dein Gegenüber denkt, und du erfasst seine Intentionen und seine Grundhaltung.
- Du erfasst die Geschichte und die Herausforderungen von Teams, Firmen, Familien und ganzen Regionen. Und, du erkennst die entsprechenden Lösungsoptionen.

Zu wissen, ist eine grosse Verantwortung. Eine, die einer entsprechenden Integrität bedarf und so verlierst du diese Fähigkeit unwillkürlich, sobald du nicht rein und integer mit ihr umgehen kannst. Wissen, tatsächlich wissen, tun somit nur diejenigen Menschen, die nicht darüber sprechen.

Dein menschliches Leben untersteht den energiebasierten Gegebenheiten und den energiebasierten Gesetzmässigkeiten, sobald dein ganzheitliches Sein der energiebasierten Ebene angebunden ist. Während einer gewissen Übergangszeit versuchst du selbst allerdings, dasjenige Leben zu führen das du bisher hattest. Etwas, das nicht mehr möglich ist, rein sachlich betrachtet. Die dir bisher vertrauten materiell basierten Gegebenheiten und Gesetzmässigkeiten greifen nicht mehr. Du kannst dein Leben nicht mehr so führen, wie bisher. Dies musst du erst einmal erkennen, um dich danach, sehr bewusst mit dem Neuen auseinanderzusetzen und in der Praxis zu erfassen, was genau sich wie ändert.

Die Aspekte deines menschlichen Lebens lassen sich nicht mehr menschlich einordnen und sie lassen sich auch nicht mehr menschlich verändern.

Es ist immer dasjenige, das dir Hier und Jetzt optimal dient. Unabhängig davon, was auch immer dein menschlicher Geist denkt. Du hast in Fülle dasjenige das deinen authentischen Hier und Jetzt Bedürfnissen entspricht. Nicht mehr und nicht weniger. Alles andere entwickelt sich fortwährend gemäss deinen jeweiligen authentischen Bedürfnissen. Und alleine diese eine Gegebenheit muss dann manchmal während Monaten praktisch «buchstabiert» werden, bis sie in der Tiefe erfasst wird. Im Aussen verändert sich scheinbar nichts. Gleichzeitig verändert sich irgendwie alles. Und dies zu verstehen und mit der Zeit dann auch gut damit leben zu können, benötigt eine hohe Eigenleistung und einiges an Zeit.

Dein Bewusstsein erweitert sich weiter, du bewegst dich aus der Thematik der Energien heraus und begibst dich in die siebte Dimension und deren Thematik der Frequenzen. Und nun ändern sich Gegebenheiten und Gesetzmässigkeiten erneut. Ist dein ganzheitliches Sein dann der siebten Dimension angebunden, veränderst du mittels Frequenzen und nicht mehr unbedingt mittels Gedanken / Gefühlen (Formen der Energie, im materiell basierten menschlichen Lebensraum) oder aktivem Tun. Auch wenn du die beiden letztgenannten nach wie vor tust. Durchaus auch erfolgreich tust.

Ist dein ganzheitliches System jedoch der siebten Dimension unterstellt, liegt der Schwerpunkt und auch die Kraft nun auf der Veränderungsarbeit mittels Frequenzen. Und bist du noch nicht sicher, in dem beschriebenen Modus, bitte dein eigenes inneres wesentliches Selbst um eine umfassende Einführung, auf dass du verstehst und sicher wirst im Neuen. Als Teammitglied des Projektes Erde, musst du Frequenzen umfassend verstehen. Gerade auch im menschlichen Kontext. Und so dreht sich dein praktisches Leben während einer gewissen Zeit um diese Thematik. So lange, bis du sie nachhaltig bemeistert hast.

Menschen «setzten sich ein» und kämpfen und erreichen damit doch oft nur relativ, was sie eigentlich erreichen möchten. Wir verändern mittels Frequenzen und tun dies höchst erfolgreich und höchst nachhaltig. Wir tun dies mühelos und in grosser Harmonie. Zum Wohle aller Lebewesen auf dem Planeten Erde. Und dies stellt einen deutlichen Paradigmen-Wechsel dar.

3.3 Frequenzen

Liest du das Wort „Frequenzen" aus menschlich materiell basierter Sicht, füllst du das Wort mit einer entsprechenden Bedeutung. Liest du das Wort erneut, diesmal aus schwingungsbasierter Sicht, bedeutet es etwas ganz anderes. Um dieses Kapitel somit verstehen zu können, benötigst du in deinem Kernwesen eine sehr hohe persönliche Entwicklungsstufe, dein Bewusstsein muss vollständig offen sein und du musst die schwingungsbasierte siebte Dimension bemeistert haben.
Die Bedeutung, die wir meinen, wenn wir Frequenzen schreiben, versteht längst nicht jeder Mensch. Wir sind uns dessen sehr bewusst. Und es hilft dir, wenn auch du selbst dir dessen bewusst bist.

Die beschriebene Gegebenheit gilt in vielerlei Hinsicht, auch im menschlichen Lebensraum. Menschen tun oft so, als wären alle Menschen ähnlich und würden alle Menschen dasselbe verstehen, dasselbe können und dasselbe benötigen. Dem ist allerdings mitnichten so. Menschen verstehen entsprechend ihrem persönlichen Entwicklungsstand. Sie benötigen entsprechend ihren individuellen Bedürfnissen und Fähigkeiten. Und sie erfahren entsprechend ihrer persönlichen Navigation.

Jeder Mensch steht an einem sehr individuellen Punkt und bringt seine Gesamtpersönlichkeit samt entsprechenden Fähigkeiten bereits bei seiner menschlichen Geburt mit. Und so sind im menschlichen Lebensraum, in den nächsten Jahrzehnten Selbstermächtigung und Individualität gefragt.

Um diejenige Form der Frequenzen zu verstehen, die wir hier meinen, benötigst du eine entsprechende energiebasierte Wahrnehmungsfähigkeit. Ist dem so, nimmst du mittels deiner erweiterten energiebasierten Wahrnehmungsfähigkeiten (auch) Frequenzen wahr. Wo immer du auch bist; wenn du willst, kannst du die vielfältigen Frequenzen, die sich dort befinden, mühelos erfassen. Du erfasst Energie. Du erfasst Energieformen. Du erfasst Energiefelder. Du erfasst Schwingung. Und, du erfasst Frequenzen.

Je weiter sich dein eigenes Bewusstsein öffnet, umso vielfältiger nimmst du wahr und umso wichtiger ist es, dass du lernst, mit den vielfältigen und vielschichtigen Wahrnehmungen umzugehen. Dies geschieht unter anderem, indem du dich auf deinen jeweiligen Fokus konzentrierst.

Tauchst du zum Beispiel vollständig in den menschlich materiell basierten Lebensraum ein und fokussierst dort auf deine materiell basierten Sinne, lässt dich dies deine zusätzlichen Fähigkeiten fast ein bisschen vergessen. Sie sind auch, doch du nimmst sie nicht bewusst wahr. Ganz ähnlich verhält es sich mit dem Bereich von Schwingung und Frequenzen. Du nimmst sie ab einem gewissen Entwicklungsstand zwar wahr, doch du kannst sie mühelos auch ausblenden, indem du deinen Fokus auf anderes legst. Bewegst du dich im menschlichen Lebensraum geschieht sehr vieles automatisiert, ohne dass du dir bewusst Gedanken darüber machst, resp. machen musst. Dies vereinfacht das menschliche Leben deutlich. Gleichzeitig hält es dich ein Stück weit auch auf der menschlich materiell basierten Ebene fest, was an und für sich nicht schlimm ist.

Sobald du über einen gewissen hohen persönlichen Entwicklungsstand und ein offenes Bewusstsein verfügst, benötigt es allerdings deine diesbezügliche Bewusstheit, liegt deine Macht doch nun mehr und mehr auf der schwingungsbasierten Ebene. Dafür musst du deinen Fokus und deine Wahrnehmung jedoch sehr bewusst auch auf dieser Ebene bewegen. Etwas, das meist nicht automatisch geschieht, sondern deinen bewussten Willensentscheid benötigt.

Frequenzen sind überall. Doch du bist in der ersten Zeit, in der du sie wahrnehmen und bewusst nutzen kannst, meist noch zu sehr menschlich geprägt und so nimmst du sie meist auch nicht in demjenigen Ausmass wahr, in dem du sie nun wahrnehmen könntest (und müsstest).

Du kennst Schwingung und Frequenzen aus deinen früheren Leben in der schwingungsbasierten siebten Dimension. Gleichzeitig musst du sie in dieser einen menschlichen Inkarnation noch einmal ein Stück weit neu kennenlernen. Um sie dann, im Kontext des menschlichen Lebensraumes bewusst zu studieren.

Frequenzen sind überall.
Doch du musst bewusst auf sie achten,
um sie auch bewusst wahrnehmen zu können.

Du kannst die Thematik der Frequenzen im Setting des menschlichen Lebensraumes nur studieren, indem du dich bewusst auf sie konzentrierst, du beobachtest, erkennst und dich von deinem eigenen inneren wesentlichen Selbst bewusst lehren und führen lässt. Du musst dich bewusst auseinandersetzen, damit du umfassend verstehst und Schwingung und Frequenzen auch bewusst einsetzen und nutzen kannst.

In der schwingungsbasierten Dimension lenkst du mittels Frequenzen. Gleichzeitig bist du dir als Mensch gewohnt, an dein jeweiliges Umfeld zu adaptieren. Und so geschieht es zu Beginn automatisch, dass du deine eigene Frequenz an dein jeweiliges Umfeld anpasst. Dadurch verlierst du aus schwingungsbasierter Sicht jedoch die Möglichkeit, in irgendeiner Form Einfluss zu nehmen und ggf. gar positiv zu prägen. Im Gegenteil; dein jeweiliges Umfeld nimmt deutlich Einfluss auf dich ein.

Bist du der schwingungsbasierten Dimension unterstellt, ist es äusserst unglücklich, wenn du ganzheitlich an dein jeweiliges Aussen adaptierst, weil du damit deine eigene hohe Schwingungsfrequenz an das jeweilige Setting anpasst und dadurch deine schwingungsbasierte Veränderungsmöglichkeit verlierst und gleichzeitig auch das jeweilige Setting mittels dessen Frequenzen Einfluss auf dich und dein Leben nehmen lässt. Zu Beginn geschieht dies erst unbewusst und so unterstützt es dich, wenn du bewusst lernst, die Ebenen in dir selbst zu unterscheiden. Beginne, dich selbst bewusst zu beobachten und lass dich dabei von deinem eigenen inneren wesentlichen Selbst führen.

Hast du deine wesentliche Grundschwingungsfrequenz stabil erreicht, halte sie bewusst stabil, wo immer du dich auch bewegst, und fokussiere so lange ausschliesslich auf diese eine Aufgabe, bis du nachhaltig bemeistert hast. Bleibe bewusst bei dir selbst und halte etwas ganzheitliche Distanz zu deiner jeweiligen Umgebung. Lass dir von deinem eigenen inneren wesentlichen Selbst zeigen, wie sich Energien und Schwingung entsprechend deiner hohen Frequenz zu bewegen beginnen. Beobachte auf energiebasierter Ebene und beobachte auf materiell basierter Ebene.

Menschen fokussieren auf Worte, Taten und messbare Resultate. Und da du nach wie vor Mensch bist, liegt dein Fokus natürlicherweise nach wie vor auf diesen Parametern, auch wenn du bereits der energiebasierten Dimension unterstellt bist. Dies führt dazu, dass du die Macht der energiebasierten Ebene nicht oder zu wenig wahrnimmst und sie dadurch auch viel zu wenig nutzt. Für dich selbst, aber auch für deinen Einsatz im Rahmen des Projektes Erde. Und wenn du magst, erlaube bewusst, eine diesbezügliche umfassende Einführung. Auf dass du umfassend erfasst und dadurch auch umfassend nutzen kannst.

Bist du der schwingungsbasierten Dimension unterstellt, weiss du dies innerlich rein und klar. Ist dem so, spielen Frequenzen und Schwingung eine sehr wichtige Rolle, in deinem praktischen Leben.

Du wirst in einem ersten Schritt gelehrt, deine eigene wesentliche Schwingungsfrequenz stabil zu behalten. Dies dient in erster Linie dazu, dass sich dein menschliches Leben in ein wesentliches menschliches Leben verwandeln kann.

- Deine Nahrung gestaltet sich gemäss deiner persönlichen Schwingungsfrequenz. Dies geschieht unabhängig von menschlichen Ernährungsempfehlungen. Es ist alleine die jeweilige Frequenz, die nun zählt.

- Verwandelt sich dann dein Körper gar in einen lichtbasierten menschlichen Körper und unterstehst du dadurch der neunten Dimension, ist es der „Licht-Anteil" der deine Nahrungszufuhr definiert.

- Bei deiner Kleidung und deiner Wohnungseinrichtung verhält es sich genauso. Es ist Schwingung / Frequenz und mit der Zeit dann ggf. auch Licht, die definieren.

Bist du dir dessen bewusst, kannst du dich bewusster auf dasjenige einlassen, das sich Hier und Jetzt jeweils richtig anfühlt.

Es ist deine innere Navigation, die dich jederzeit richtig führt.

Gleichzeitig ist es hilfreich, wenn du umfassend verstehst, weshalb geschieht, was geschieht und dich anzieht, was dich anzieht. Beginnt sich dein ganzheitliches Sein einer höheren Dimension anzuschliessen, werden menschliche Argumentationen nutzlos. Und, es scheint uns wichtig, an dieser Stelle erneut zu betonen: Jeder Mensch ist anders. Jeder Mensch steht an seiner ganz eigenen Stelle. Und so benötigt jeder Mensch etwas anderes. Was du hier nun liest, lässt sich dadurch nicht automatisch auf andere Menschen übertragen. Im Gegenteil: Die meisten derzeitigen Menschen verstehen das Geschriebene nicht und benötigen es im Laufe dieses einen menschlichen Lebens ehrlicherweise auch nicht.

Es gelten immer die Gesetzmässigkeiten der jeweiligen Dimension, an die der jeweilige Mensch angebunden ist. Die meisten Menschen sind und bleiben der materiell basierten Dimension angebunden und unterstellt. Und dies bleibt ihr ganzes Leben so.

Dadurch ist es müssig, wenn sie sich mit anderen Dimensionen beschäftigen. Es dient ihnen nicht und hält sie von ihren eigenen materiell basierten Aufgaben ab. Andere wiederum, sind hier mit einem bestimmten Auftrag und müssen dafür nicht nur die materiell basierte Dimension nachhaltig bemeistern, sondern auch die energiebasierte fünfte Dimension und die schwingungsbasierte siebte Dimension. Jede dieser Dimensionen ist eine ganze eigene Dimension mit eigenen Gegebenheiten und eigenen Gesetzmässigkeiten. Dies gilt es wieder vollständig präsent zu haben und sie im Kontext des menschlichen Lebens bewusst zu bemeistern. Zu Beginn hilft es dir, wenn du die einzelnen Dimensionen bewusst auseinanderhältst. Hast du dann umfassend erkannt, wirst du erfahren, wie sie beginnen, ineinander zu verschmelzen und du selbst die Theorie dahinter dennoch nach wie vor in dir trägst und sie auch jederzeit bewusst nutzen kannst. Du hast dann ein sehr hohes ganzheitliches Niveau erreicht, rein sachlich, von aussen betrachtet.

Menschen skalieren, bewerten und unterscheiden gemäss menschlich materiell basierten Kriterien. Unterstehst du der schwingungsbasierten Dimension, hilft es dir, wenn du sehr bewusst damit aufhörst. Du ziehst nun entsprechend deiner wesentlichen Schwingungsfrequenz in dein Leben.

Und auch wenn dein jeweiliges Gegenüber rein menschlich gesehen, dein Schüler oder Untergebener ist, so seid ihr unter Umständen auf energiebasierter Ebene in wertschätzendem und unterstützendem Kontakt verbunden und euch beide bewusst, dass ihr beide dieselbe wesentliche Grösse innehabt. Euch verbindet dadurch in einer Intimität, was dich ggf. nie mit deiner menschlichen Familie verbunden hat. Bist du dir dabei aller Ebenen bewusst, kannst du problemlos damit umgehen. Versuchst du allerdings das menschliche materiell basierte Setting kontrollierend einzuhalten, wird sich dir entziehen, was eigentlich zu euer beider Bereicherung gedacht war.

Und so bedarf es immer wieder deine bewusste Achtsamkeit, deine bewusste Aufmerksamkeit und deinen bewussten inneren Dialog. Du gerätst fortlaufend in neuartige Situationen, sobald sich dein ganzheitliches Sein den energiebasierten Dimensionen anzubinden beginnt. Situationen, in denen du dich idealerweise bewusst von deinem eigenen inneren wesentlichen Selbst führen lässt, und zudem erlaubst, dass du umfassend erkennst und verstehst. Mehr und mehr.

Mit der Zeit erkennst du, dass du Frequenzen bewusst verändern kannst. Dies ist eine wunderschöne, mühelose und unglaublich effektive Arbeit. Und es lohnt sich sehr, sich umfassend mit ihr zu beschäftigen. So lange, bis du alle Aspekte kennst und beherrscht. Wenn du magst, lass dich bewusst von deinem eigenen inneren wesentlichen Selbst einführen und lehren. Bist du fähig, Frequenzen bewusst zu verändern, kann die Frequenzerhöhung deines jeweiligen Umfeldes sehr viel angenehmer stattfinden. Die Steuerung dieses Prozesses obliegt der Führung deines eigenen inneren wesentlichen Selbst und beginnst du bewusst zu beobachten, kannst du dies mühelos erkennen. Beobachtest du weiter, wirst du zudem erkennen können, wie die jeweiligen Menschen wesentlich, frei und lebendig werden. Wahrheit beginnt sich zu zeigen und dies ermöglicht wesentliche und nachhaltige Lösungen. Wirklichkeiten und Überlagerungen lösen sich Schicht für Schicht auf und dies entlastet sichtlich: Die einzelnen Menschen, aber natürlich auch das jeweilige Setting. Dein Vorbild und deine Haltung ziehen an und motivieren Verhaltensänderungen. Wo immer du dich nun bewegst, dein Aufenthalt hinterlässt sichtlich Spuren. Dies lässt sich allerdings nur energiebasiert erkennen und so unterstützt es dich, wenn du selbst jederzeit umfassend erkennst.

Befindest du dich in deinem Kernwesen auf der persönlichen Entwicklungsstufe eines Meisters und ist dein Sein dann der energiebasierten Dimension unterstellt, hast du die Möglichkeit, dich via deines energetischen Herzensraumes mit einem anderen Menschen zu verbinden und ihn so zu stabilisieren. Eine sehr effektive Art der Stabilisierung. Gleichzeitig verbindest du dich persönlich und so kostet dich die Verbindung immer auch ganzheitliche Kraft. Bist du dann der schwingungsbasierten, siebten Dimension unterstellt, hast du die Möglichkeit mittels Frequenzanpassungen zu stabilisieren. Diese Form ist genauso effektiv und gleichzeitig verbindest du dich nicht persönlich und so kostet es dich auch keinerlei ganzheitliche Kraft. Du hast nun die Möglichkeit, müheloser zu wirken und dadurch vielfältiger und umfassender Einfluss zu nehmen, weil dich dein Wirken weniger Kraft kostet.

Weisst du in dir, dass du der schwingungsbasierten siebten Dimension unterstellt bist, lohnt es sich, bewusst zu erlauben, dass du Frequenzen umfassend erfasst. Du hast nun Zugang zu vielen zusätzlichen und mühelosen Möglichkeiten des Manifestierens und des Wirkens. Dies entlastet dein menschliches Selbst deutlich und bereichert dein menschliches Leben sichtlich.

Hast du dir zudem in diesem einen menschlichen Leben einen lichtbasierten menschlichen Körper eingeplant, hilft es dir, wenn du die siebte Dimension möglichst rasch bemeisterst, auf dass dein ganzheitliches Sein der neunten Dimension angebunden werden und der Umbau deines menschlichen Körpers beginnen kann. Besagter Umbau kann erst dann beginnen, wenn du sicher der neunten Dimension unterstellt bist.

Sobald du deine Aufmerksamkeit auf dein jeweiliges Aussen richtest, verändert sich deine wesentliche Schwingungsfrequenz. Beziehst du dann gar in Relation mit dir selbst, verändert sich noch ein bisschen. Beide Verhaltensweisen sind typisch menschlich und so müssen sich beide auch auflösen (dürfen), wenn du anfängst, schwingungsbasiert zu leben und zu wirken. Dies wiederum steigert deine ganzheitliche Unversehrtheit und deine ganzheitliche Immunität.

4. Leitung

Wie bereits mehrfach in unseren bisherigen Büchern beschrieben, unterscheidet sich die menschliche Form der Leitung deutlich von der energiebasierten Form. Und es hilft dir, wenn du dich ausführlich damit auseinandersetzt, um letztendlich dann umfassend zu verstehen. Auf energiebasierter Ebene liegt der Schlüssel jeglicher Leitungsaufgabe in der freien wesentlichen Grösse einer Persönlichkeit. Genauer gesagt, in der jeweiligen Frequenz. Dies bedeutet in der Praxis, dass die freie wesentliche Grösse und damit deren stabile Schwingungsfrequenz erst einmal nachhaltig erreicht werden muss, bevor du energiebasiert leiten kannst. Selbstverständlich wirst du auch schon vorher leiten. Menschlich materiell basiert mit einer leichten Mischung mit der energiebasierten Form. Rein energiebasiert kannst du dies allerdings erst tun, wenn du deine wesentliche Schwingungsfrequenz stabil erreicht hast.

Die beschriebene Gegebenheit war bisher einer der Hauptgründe, weshalb menschlich inkarnierte Persönlichkeiten nicht in der Leitung energiebasierter Projekte waren. Sie konnten in ihrer menschlichen Verkörperung ihre (hohe) wesentlichen Schwingungsfrequenz nicht erreichen. Die tiefe Grundschwingungsfrequenz der Erde hat dies nachhaltig verhindert, bisher.

Dies hat sich nun in den letzten Jahren drastisch verändert. Und so lassen sich mittlerweile nicht nur Susanne, sondern auch mehrere andere derzeit menschlich verkörperte Persönlichkeiten in energiebasierten Leitungsgremien finden. Da sich in den nächsten Jahrzehnten auf dem Planeten die Zahl an energiebasierten Projekten im Rahmen des Gesamtprojektes Erde nun noch einmal deutlich erhöhen wird und sich voraussichtlich auch die Zahl menschlicher Verkörperungen in den jeweiligen Leitungsgremien deutlich erhöhen wird, nutzen wir dieses Buch, um auf die wichtigsten Unterschiede zwischen menschlichen Formen der Leitung und energiebasierten Formen der Leitung hinzuweisen.

4.1 Selektionsprozess

Menschliche Selektionsprozesse sind meist vielschichtig, vielfältig und langwierig.

- Du benötigst die erforderlichen Ausbildungen, Fähigkeiten und Erfahrungen.
- Du musst dich aktiv (mittels eines gut geschriebenen Lebenslaufes, guten Zeugnissen und einem interessanten Motivationsschreiben) für eine bestimmte Position bewerben.

- Menschen in bestimmten Positionen selektieren vor.
- Du musst dich in einem Vorstellungsgespräch oder auch einem Probe-Arbeiten beweisen.
- Du verfügst idealerweise über die richtigen Referenzen.
- Du reflektierst deinen eigenen Gewinn und deinen eigenen Aufwand und entscheidest entsprechend persönlichen Kriterien.
- Deine jeweiligen Gegenüber tun dasselbe.
- Und haben sich dann beide entschieden, geschieht eine Zusammenarbeit oder auch nicht.
- Du kannst dich natürlich auch spontan mit anderen Menschen zusammenfinden und bewusst eine Projektgruppe gründen. Dann entscheidet sich die Selektion etwas anderes, basiert letztendlich jedoch ebenfalls auf Daten, Fakten, Plänen, Analysen und allgemein gültigen materiell basierten Gegebenheiten.

Energiebasiert geschieht anders. Hier benötigt es in erster Linie erst einmal deine freie wesentliche Grösse, damit du überhaupt in Erwägung für ein energiebasiertes Projekt gelangst. Erst dann bist du aus energiebasierter Sicht auch fähig. Gleichzeitig muss diese persönliche Grundschwingungsfrequenz eine überaus hohe und deine Integrität und ganzheitliche Stabilität jederzeit hoch und stabil vorhanden sein. Zudem musst du über die vielfältigen Fähigkeiten verfügen, die im jeweiligen Projekt gebraucht werden. Die entsprechende Referenz befindet sich in deinem persönlichen Energieraum abgespeichert. Dort sind alle deine Erfahrungen und bisherigen Leistungen aller deiner Leben abgespeichert und können im Falle einer energiebasierten Selektion dann auch eingelesen werden.

Qualifizierst du aus energiebasierter Sicht, erhält dein wesentliches Selbst einen ersten Impuls für die Teilnahme an einem energiebasierten Projekt. Die erste offizielle Anfrage, somit.

Dein wesentliches Selbst durchläuft nun innerhalb Millisekunden ein inneres Raster:
- Bist du ganzheitlich bereit für die Teilnahme an diesem einen Projekt?
- Dient es dir?
- Ist es deine Aufgabe?

Deine ganzheitliche Bereitschaft ist aus energiebasierter Sicht der zweitwichtigste Schlüssel für die Teilnahme an einem energiebasierten Projekt.

- Es muss dir ganzheitlich gut gehen und es muss dir vollumfänglich wohl sein.
- Du darfst derzeit keine «Baustellen haben», in deinem (menschlichen) Leben.
- Du musst in deiner vollen Kraft und Lebensenergie sein, über Fülle in jedem einzelnen deiner Lebensbereiche und dadurch über ausreichend ganzheitliche Ressourcen verfügen.

Es wird nicht stattfinden, wenn die aufgeführten Punkte nicht vollumfänglich erfüllt sind.

Ein weiterer wichtiger Punkt ist die Tatsache, dass dir der Einsatz persönlich dient. Du musst dadurch nicht nur ausreichend ganzheitliche Ressourcen zur Verfügung haben, du musst auch deine vielfältigen Fähigkeiten bewusst einsetzen können und du musst in irgendeiner Form persönlich profitieren.

- Du kannst deine Fähigkeiten weiter entwickeln.
- Du kannst für dich wichtige Erfahrungen machen.
- Du kannst dich ganzheitliche weiterentwickeln.
- Deine ganzheitliche Fülle vergrössert sich durch deinen Einsatz.

Und weil wir darüber geschrieben haben:

Jegliche Teilnahme an einem energiebasierten Projekt garantiert dir einen entsprechenden auf dich und deine derzeitige Situation optimal angepassten Ausgleich.

Nun, die Teilnahme an besagtem Projekt muss auch deine Aufgabe sein. Und auch dies, wird von deinem eigenen inneren wesentlichen Selbst bewusst geprüft.
Hat es sodann ein ganzheitliches «ja», kannst du dies erfassen: Du weisst, dass du für ein energiebasiertes Projekt angefragt wurdest.
Je nach persönlicher Entwicklungsstufe nimmst du dieses nun grob wahr und in aller Regel weisst du im Minium, worum es in etwa geht.
Nun beginnt der energiebasierte Selektionsprozess innerhalb des gesamten Projektteams. Das heisst, es beginnt sich unwillkürlich und ohne fremden Einfluss zu sortieren:

- Die konkreten Aufgaben orientieren sich an den jeweiligen Kompetenzen der einzelnen Mitglieder.
- Die Hierarchie gestaltet sich natürlicherweise gemäss der freien wesentlichen Grösse der Mitglieder.

Nach einer gewissen Zeit weisst du innerlich rein und klar: Deine eigene Position, deine eigene Aufgabe(n) und diejenigen Informationen, die du für deinen Einsatz benötigst.

Die energiebasierte Form der Selektion umgeht deinen menschlichen Geist und Willen. Du kannst weder analysieren noch erzwingen. Du musst dich nicht präsentieren und du musst auch nicht reflektieren. Es geschieht sehr viel umfassender und passender. Bist du dabei, geschieht dies zu deinem eigenen Höchsten und Besten und was ihr im Rahmen des jeweiligen Projektes tut, geschieht ebenfalls zum Höchsten und Besten von allem, was ist. Auf energiebasierter Ebene entfallen das Hinterfragen und das menschliche Entscheiden. Es geschieht, was richtig ist und grösstmöglich dient. Sofern deine wesentliche Grösse frei ist und du vollständig authentisch bist.

4.2 Leitungsfunktion

Hast du die Leitungsfunktion eines energiebasierten Projektes, weisst du dies innerlich rein und klar. Die meisten deiner Teammitglieder werden dies nie erfahren. Es ist für sie nicht wichtig, wer leitet. Die typisch menschliche Form der „Führung" fehlt auf energiebasierter Ebene. Hier ist jede Persönlichkeit vollumfänglich verantwortlich und in der Verantwortung. Externe Leitung, so wie es unter den Menschen üblich ist, kennen die energiebasierten Dimensionen nicht. Du selbst jedoch weisst, und du leitest (das Projekt) massgeblich über deine hohe und reine Schwingungsfrequenz. Hat somit ein Mensch die Leitungsfunktion eines energiebasierten Projektes inne, verfügt er selbst über eine sehr hohe persönliche Entwicklungsstufe, ein vollständig offenes Bewusstsein und eine sehr, sehr hohe ganzheitliche Integrität. Je höher die persönliche Schwingungsfrequenz der Leitungsperson eines energiebasierten Projektes, umso erfolgreicher kann sich das jeweilige Projekt entwickeln. Alleine schon dadurch, dass sich durch die Gegebenheit viele andere Projektmitglieder mit einer ebenfalls sehr hohen persönlichen Schwingungsfrequenz einbringen können.

Die Leitungsperson eines energiebasierten Projektes ist somit ein zentraler Schlüssel für den Erfolg eines solchen Projektes. Dabei ist es primär deren freie und hohe Schwingungsfrequenz, die zählt.

Bist du in der Leitungsfunktion eines energiebasierten Projektes, lenkst du via Frequenz(en). In einem ersten Schritt hältst du erst einmal deine freie wesentliche Schwingungsfrequenz stabil und ermöglichst dadurch eine natürliche Ordnung innerhalb des Teams und den Aufbau einer sinnvollen Struktur des Projektes. Dies alles geschieht alleine auf Grund deiner stabil gehaltenen Schwingungsfrequenz. Mühelos und wunderschön.

Entgegen so mancher menschlichen Meinung, ist Ordnung und der Aufbau hilfreicher und gesunder Strukturen auch in der energiebasierten Dimension das Fundament eines jeden erfolgreichen Projektes. Auf der energiebasierten Ebene geschieht dies allerdings eigenständig und entsprechend den energiebasierten Gesetzmässigkeiten. Alles, was es dafür benötigt, ist eine Leitungspersönlichkeit mit einer sehr hohen und reinen, stabil gehaltenen Grundschwingungsfrequenz. Ist diese vorhanden, formiert sich entsprechend heilsam und stabil.

Hast du somit die Leitungsfunktion inne, hältst du deine eigene Schwingungsfrequenz bewusst stabil und wartest bewusst, bis du innerlich sicher weisst, dass die Hierarchie, die Ordnung und die Strukturen des Projektes stabil aufgebaut sind.

Dir geht es dabei ähnlich wie den anderen Mitgliedern des Projektes: Du kennst die meisten Team-Mitglieder nicht persönlich und lernst sie auch nie kennen. Gleichwohl ist es deine jeweilige Frequenz (samt deiner persönlichen Energiesignatur, versteht sich), die sie leitet. Denn: Jedes Teammitglied kennt deine Energiesignatur, weiss dass du das Projekt leitest (auch wenn es dich nicht persönlich kennt und auch keine offizielle persönliche Durchsage erhalten hat) und anerkennt deine Leitungsfunktion. Eine rein energiebasierte Geschichte, die du vermutlich einige Mal bewusst erleben musst, um das so deutlich andere zu beobachten und mit der Zeit dann auch zu verstehen. Idealerweise geschieht dies in deiner Funktion als Teammitglied mit deutlich weniger Verantwortung. Energiebasierte Projekte sind anders als es menschliche Projekte sind. Und so musst du dich zu Beginn bewusst damit auseinandersetzen, um dann mit der Zeit umfassend zu verstehen.

Eine Grundvoraussetzung für eine mögliche
Leitungsfunktion zu einem späteren Zeitpunkt:
Du musst die Thematik der energiebasierten
Projekte umfassend verstehen, um die
Leitungsfunktion übernehmen zu können.

Nun, du musst auch die Thematik der „stabil
gehaltenen Frequenz" umfassend verstehen und
so erlauben wir uns an dieser Stelle, einen
kurzen entsprechenden Exkurs.

Exkurs „Stabil gehaltene Schwingungsfrequenz"
Bist du dir der Thematik noch nicht ausreichend
bewusst, verändert sich deine
Grundschwingungsfrequenz fortlaufend. Dies
mögen durchaus kleine Veränderungen sein, die
du ggf. selbst nicht einmal erkennst, gleichwohl
haben diese Schwankungen starke
Auswirkungen, sobald du der
schwingungsbasierten Dimension unterstellt
bist. Und wenn du magst, erlaube bewusst, dass
dich dein eigenes wesentliches Selbst umfassend
in die Thematik einführt. Du lernst am besten in
der Praxis und dafür musst du deine
Wahrnehmung auf gewisse Parameter und
Themen richten. Einige möchten wir an dieser
Stelle ansprechen.

Deine Schwingungsfrequenz adaptiert an deinen Fokus, sofern du dir dessen nicht bewusst bist.

Richtest du deine Wahrnehmung auf gewisse Themen, adaptiert deine Schwingungsfrequenz in die jeweilige Richtung. Dies geschieht automatisch. So lange, bis du die Gegebenheit bewusst erkennst und bewusst gegensteuerst. Du wirst deinen eigenen guten Umgang damit finden.

Ich, Susanne, versuche hier, eine mögliche Variante des Vorgehens in menschlichen Worten zu beschreiben:
Halte deine Grundschwingungsfrequenz bewusst stabil und verweile mit einem Teil deiner Aufmerksamkeit in dieser Frequenz. Richte nun den Rest deiner Aufmerksamkeit auf ein Thema, eine Aufgabe oder auch einen Menschen.
Du wirst dabei feststellen, dass du die Frequenz auf diese Art und Weise mühelos stabil halten kannst. Selbst dann, wenn du gleichzeitig tiefschwingende Energieformen transformierst und dich mit einem grossen Teil deiner ganzheitlichen Wahrnehmung ganz dort hineintauchst. Wichtig ist dieser eine Teil, der deine Grundschwingungsfrequenz bewusst stabil hält. Lass dich dabei von deinem eigenen inneren wesentlichen Selbst führen, doch du wirst sehen, es wird dir mühelos gelingen.

Beobachtest du nun bewusst, wirst du erkenne können, dass sich die Kraft deines Wirkens durch diese Form noch einmal stark erhöht. Du nutzt nun bewusst deine eigene hohe Schwingungsfrequenz und dieser, liegt eine grosse Macht inne.

Menschen mit einer sehr hohen persönlichen Entwicklungsstufe sind in hohem Masse fähig. Dies führt in unbewusstem Zustand häufig dazu, dass sie ausgebeutet werden oder sich selbst missbrauchen. Sie können vielfältig und sie können auf hohem Niveau. Dies bleibt meist nicht verborgen. Gleichzeitig erhalten sie jedoch oft nicht in dem Ausmass zurück, indem sie einsetzen. Und klingt die Thematik in dir an, erlaube, dass sich nachhaltig lösen und klären darf, auf dass du nachhaltig frei bist.

Bist du der energiebasierten Dimension angebunden, verändert sich im beschriebenen Bereich sehr stark. Du erhältst nun mehr und mehr die Möglichkeit, deine tatsächlichen Fähigkeiten zum Wohle der Menschheit und des gesamten Planeten einzusetzen. Dies erfüllt dich ganzheitlich. Gleichzeitig erhältst du entsprechend deinem hohen Einsatz zurück. Ausserhalb menschlicher Vorstellungen und insbesondere ausserhalb menschlicher Einflussmöglichkeiten.

Und wir ermutigen dich, auch hier bewusst zu erlauben, bewusst zu beobachten und dadurch mehr und mehr zu erkennen. Es ist dies dein persönlicher Ausgleich und der ist entsprechend deiner persönlichen Grösse und deines persönlichen Einsatzes sehr hoch. Natürlicherweise.

Deine Hauptaufgabe ist nun gewissermassen, deine eigene hohe Schwingungsfrequenz stabil und rein zu halten. Und dies wird dich während einer gewissen Zeit ganz schön herausfordern. Je bewusster du dir dabei bist, dass du dich nun auf deine eigene innere Stabilität zu konzentrieren hast, umso rascher findest du in die neue Aufgabe hinein. Die Herausforderung ist dabei, dass das übliche menschliche Leben ganz normal weitergeht und dich dadurch natürlicherweise von der beschriebenen Hauptaufgabe ablenkt. Zumal diese offiziell nicht vorhanden ist, in deinem derzeitigen öffentlichen menschlichen Leben.

Die Schwierigkeit, die wir derzeit wiederholt diskutieren, im Leitungsrat des Projektes Erde ist die Tatsache, dass es nun mehr und mehr Menschen gibt, die sich ihrer wieder vollständig bewusst sind, der energiebasierten, der schwingungsbasierten oder manches Mal gar der neunten Dimension angebunden sind und dies gleichzeitig im menschlichen Lebensraum offiziell nicht bekannt ist.

Du lebst dadurch eine Art „Schattenleben": Du bist gegen aussen ein ganz normaler Mensch mit allerlei menschlichen Aufgaben und lebst gleichzeitig vielfältig grösser ausserhalb dessen, was deine Mitmenschen erfassen können. Deine Mitmenschen verfügen dadurch über einen stark limitierten Blick in der Hinsicht darauf, wer du bist und was du tust. Und auch wenn das wesentliche Selbst der jeweiligen Menschen durchaus erfasst und dir Wertschätzung entgegenbringt und dich auch die energiebasiert lebenden Persönlichkeiten ehren für dein Sein und Wirken, so tust du doch meist im Verborgenen. Eine Herausforderung, die wir derzeit noch nicht befriedigend zu lösen vermögen.

Je mehr energiebasierte Aufgaben du übernimmst und je höher und komplexer diese sind, umso mehr Zeiten des persönlichen Rückzuges benötigst du, um diese ausführen zu können. Rein theoretisch verrichtest du dann höchst wertvolle Arbeit. Diese Arbeit wird allerding derzeit weder finanziell entlöhnt noch anderweitig honoriert, im menschlichen Lebensraum. Gleichzeitig spielt auch hier die energiebasierte Evolution und so spiegelt sich die Wertschätzung und Ehre auf energiebasierte Ebene mit der Zeit auch in der materiell basierten dritten Dimension wider. Allerdings nicht offiziell verbunden mit deiner hohen und wichtigen energiebasierten Arbeit.

Diese Verbindung vermögen derzeit nur andere hochentwickelte und vollbewusste Menschen herzustellen. Und so scheint es derzeit, als müsstest du die beschriebene Spannung noch etwas aushalten, bis wir befriedigende Lösungen gefunden haben. Worum wir dich bitten: Bitte erkenne, was du Grosses tust und achte und ehre dein so wertvolles Tun. Rein menschlich betrachtet, erscheint dein derzeitiges Leben relativ erfolgreich und eher eng und zurückgezogen. Gleichzeitig ist es energiebasiert betrachtet jedoch überaus mächtig und erfolgreich und so weit, dass es das Vorstellungsvermögen eines durchschnittlichen Menschen bei weitem übersteigt. Und so scheint es uns wichtig, dass wenigstens du selbst sehr bewusst in dir trägst, was tatsächlich ist.

Menschen, die energiebasierte Projekte leiten, sind in aller Regel nicht in menschliche Leitungsfunktionen eingebunden. Auch wenn diese Menschen überaus wertvoll wären, in diesen Funktionen. Doch die Leitungsfunktion in einem energiebasierten Projekt benötigt einiges an persönlichen ganzheitlichen Ressourcen und eine hohe ganzheitliche Flexibilität. Dies lässt sich derzeit nicht vereinbaren mit menschlichen Leitungsfunktionen. Auch wenn du mehr als fähig wärst, dazu. Und hier schliessen wir den vor einigen Seiten eröffneten Kreis: Wir sind uns sehr bewusst, dass die energiebasierte Leitungsfunktion im menschlichen Lebensraum derzeit nicht annähernd die Anerkennung erhält, die hohe menschliche Leitungsfunktionen erhalten und so haben wir im Leitungsrat des Projektes Erde entschieden, dass alle Menschen, die Leitungsfunktionen in energiebasierten Projekten innehaben, sehr bewusst und grosszügig entlastet und entschädigt werden sollen. Etwas, das du in den nächsten Monaten deutlich wahrnehmen wirst. Bitte unterlasse beim Lesen dieser Zeilen sehr bewusst, dich in menschliche Fantasien zu verhängen und erlaube stattdessen bewusst, ohne irgendwelche Erwartungen. Du wirst bewusst erfahren und dann wissen. Mehr benötigt es nicht.

Gleichzeitig möchten wir dich an dieser Stelle darauf hinweisen, dass die Leitungsfunktion energiebasierter Projekte einiges an Zeit, Raum und ganzheitlichen persönlichen Ressourcen benötigt. Etwas, das du spätestens bei deinem ersten diesbezüglichen Einsatz deutlich erfahren wirst. Und es hilft dir, wenn du dir dessen sehr bewusst bist und in der Praxis dann auch entsprechend einordnen kannst. Du musst nicht planen, nicht organisieren und auch nicht kontrollieren. Alles, was es benötigt, ist deine bewusste Hingabe an dein eigenes inneres wesentliches Selbst das dich perfekt leiten und dein menschliches Leben perfekt organisieren wird.

Die Leitungsfunktion ist die wichtigste und bei weitem auch die aufwändigste Aufgabe innerhalb eines energiebasierten Projektes. Und so kannst du in aller Regel aktives Mitglied mehrerer energiebasierter Projekte sein, nicht aber mehrere diesbezügliche Leitungsfunktionen innehaben.

Du bist ja schliesslich nach wie vor auch Mensch und dadurch auch nach wie vor in vielfältige menschliche Aufgaben eingebunden. Gleichzeitig wirst du wahrnehmen können, dass der Schwerpunkt deines (menschlichen) Lebens stark auf deiner energiebasierten Leitungsfunktion liegt und sich alles andere um diese so wertvolle Aufgabe herum formiert. Dein menschliches Selbst ist in Fülle versorgt und gegen aussen funktioniert dein menschliches Leben.

Gleichwohl liegt der Fokus auf deiner wesentlichen Aufgabe und dies gilt es in einem ersten Schritt umfassend zu verstehen.

Dein menschliches Selbst wird nicht gefragt und es organisiert sich ein Stück weit „stillschweigend". Dies ist nicht ganz so einfach zu tragen, auch wenn du weder verlierst noch in irgendeiner Form Mangel erleidest, rein sachlich betrachtet. Es ist dennoch. Und das lässt sich nicht „schönreden".

5. Frequenzerhöhungen

Wir haben uns im ersten Teil dieses Buches mit den indirekten Formen der Frequenzerhöhung beschäftigt. Dieses Wissen benötigst du als Basis für die Formen der direkten Frequenzerhöhung. Bitte sei dir dabei bewusst, dass du dafür eine bewusste und klare Erlaubnis des Rates des Lichts und eine persönliche Anbindung an die neunte Dimension benötigst. Etwas, das du innerlich rein und klar weisst, falls dem so ist. Falls du dieses Wissen nicht in dir hast, darfst du das vorliegende Kapitel überspringen, weil es nicht für dich geschrieben ist und dir nicht dienen wird.

Falls du das beschriebene Wissen in dir trägst, gelangst du an einen Punkt, an dem du erfasst, dass du Frequenzen bewusst verändern kannst. Nicht nur deine eigene, auch fremde, insbesondere Frequenzen in deiner unmittelbaren Umgebung. Du begibst dich mit deiner bewussten Aufmerksamkeit in die jeweilige Frequenz hinein und vermagst sie bewusst zu verändern. Meist erhöhst du sie ein klein wenig, wartest dann bewusst einige Tage, beobachtest und lässt dich innerlich führen. Bist du an beschriebenem Punkt angelangt, veränderst du mühelos und höchst effektiv. Dafür benötigst du jedoch eine überaus hohe Integrität, hat doch dein Tun starke Auswirkungen auf das jeweilige Umfeld und das planetare Gleichgewicht.

Und so erhöhst du auch nicht einfach und läufst dann weiter, sondern du bleibst sehr bewusst in dem Gebiet oder in der Thematik, in der du die Frequenzerhöhung vorgenommen hast, beobachtest umfassend und passt die Frequenz fortlaufend an. Wir wollen weder Unruhe noch irgendwelche Schädigungen erzielen mit diesem Tun und so bedarf es eines sehr bewussten und sorgsamen Vorgehens.

Du ahnst es vermutlich: Auch dieses Wirken benötigt einiges an ganzheitlichen Ressourcen und auch dieses Wirken wird von der menschlichen Gesellschaft weder erkannt noch honoriert. Dies, obwohl es derzeit nur einige wenige Menschen gibt, die fähig sind dazu und die globalen Auswirkungen enorm segensreich sind. Ja, und dafür wirst du wiederholt aus menschlichen Verpflichtungen, aber auch aus menschlichen Vergnügungen herausgelöst. In den persönlichen Rückzug geleitet und ganzheitlich für dein so wichtiges Wirken abgeschirmt. Und wenn du die Wahrheit deines so wichtigen Tuns erkennst, wirst du einerseits voller Dankbarkeit wirken. Andererseits jedoch auch immer wieder einmal wehmütig und vielleicht auch etwas neidisch auf deine Mitmenschen schauen. Wenn sie Feste feiern, in den Urlaub fahren, Fahrrad fahren einfach so usw.

Natürlich erfährst du ebenfalls Dinge, die du magst und dich bereichern. Doch, sie geschehen ehrlicherweise nur in kleinen Dosen. So, dass du bereichert wirst und (kurz) geniessen kannst. Danach bist du allerdings sehr rasch erneut in deine wesentlichen Aufgaben eingebunden, sind sie doch sehr wichtig, derzeit. Und so können wir uns nicht allzu lange Pausen leisten, im Moment. Und was wir hier schreiben, ist Wahrheit. Ungeschönt. Nicht sehr menschlich. Weil du sehr viel trägst und du dabei die Schönheiten und Annehmlichkeiten des menschlichen Lebens lediglich „häppchenweise" geniessen darfst. Und so soll dir wenigstens dort, wo es möglich ist, möglichst positiv zufliessen.

Die bewusste Frequenzerhöhung folgt oft ähnlichen Muster.

- Du erhöhst bewusst und kannst beobachten, wie alles Lebendige in der jeweiligen Umgebung erst einmal aufatmet und wohl ist.
- Dann senkst du sehr bewusst wieder ein Stück, weil sich nun die negativen Energieformen und Energiefelder in den jeweiligen persönlichen Energieräumen, aber auch im Energieraum der jeweiligen Region zu lockern und zu zeigen beginnen.

- Bist du fähig, sehr gezielt zu senken, wird es nur moderat unruhig in der Region und die ersten negativen Energiefelder und Energieformen können eigenständig ausagiert und aufgelöst werden.
- Nun erhöhst du erneut etwas, beobachtest, stabilisierst und transformierst sehr bewusst alles Dunkle und Negative, das dir begegnet.
- Danach senkst du wieder und stabilisierst und beruhigst dadurch sehr gezielt.

Nun erfolgt eine erste Pause von mehreren Wochen, um zu beobachten und zu stabilisieren. Aber auch, um die regionalen Auswirkungen sehr bewusst im Auge zu behalten. Dies tust du nicht alleine, sondern in Zusammenarbeit mit einer Vielzahl an energiebasiert lebenden Persönlichkeiten, die speziell für diese Aufgabe ausgebildet sind. Du erhältst somit fortlaufend für dich wichtige Informationen, sammelst diese und reagierst ggf. stabilisierend und beruhigend.

Nun, du wirst mit der Zeit auch Menschen «heilen», resp. sehr bewusst in die ganzheitliche Gesundheit zurückbegleiten. Dabei wendest du denselben Ablauf / Vorgang an, den wir soeben beschrieben haben. Du erhöhst die Frequenz des Systems, danach senkst du wieder ab. Du transformierst diejenige Dunkelheit und Negativität, die der Mensch selbst nicht zu transformieren vermag, du erhöhst erneut, stabilisierst usw. So lange, bis sich das ganzheitliche System alleine vollständig regenerieren kann.

Du musst den Vorgang allenfalls einige Mal bewusst durchführen, doch mit der Zeit wirst du mühelos erkennen und tun. Menschen sind erst dann in ihrer vollständigen Macht, wenn ihr ganzheitliches System heil ist. So manche derzeitigen sehr hochentwickelten Menschen benötigen während einer gewissen Phase externe Unterstützung, um in den beschriebenen Zustand zu gelangen. Und so wirst du (und alle die dieselbe Aufgabe innehaben) sehr bewusst diese Menschen unterstützen. Auf dass sie in ihre wesentliche Kraft gelangen können und dadurch fähig sind, ihre wesentlichen Aufgaben auszuführen.

Du ahnst es vermutlich: Dein diesbezügliches Wirken gehört ebenfalls zu denjenigen Dingen, die von der menschlichen Gesellschaft derzeit (noch) nicht erkannt oder gar geschätzt werden. Und so führst du die nächsten Jahre ein Leben, das dich fortlaufend in Kontakt mit denjenigen Menschen und denjenigen Regionen bringt, die deine schwingungsbasierte Unterstützung benötigen. Du tust dies von deinem Umfeld unbemerkt, eingebettet in menschliche Settings und Themen, die deinem wesentlichen Wirken dienen. Der Fokus liegt jederzeit auf deinen wesentlichen Aufgaben und so erhältst du rein menschlich betrachtet, nicht immer den Ausgleich, der dir eigentlich zustehen würde.

Erweiterst du jedoch deine Wahrnehmung, wirst du feststellen können, dass du dennoch ein Höchstmass an Fülle und Ausgleich erfährst. Dasjenige das dich Hier und Jetzt bereichert und erfüllt.
Es hilft dir, wenn du dir der beschriebenen Gegebenheit bewusst bist. Auf dass du selbst erkennst und weisst, wie überaus wertvoll dein Wirken ist. Auch und gerade dann, wenn deine Mitmenschen nicht erfassen.

5.1 Frequenzerhöhung im Kontext von Lichttechnologie

Licht mag Virtuosität und Licht verbindet sich wunderbar im meisterlichen Spiel mit den Frequenzen. Bist oder verhältst du dich nicht meisterlich, entzieht sich dir Licht. Diese Parameter sind Grundlagen eines möglichen Wirkens mit Licht im Kontext von Frequenzerhöhungen. Lichttechnologie meint das bewusste Erschaffen von Heilsamem mit Hilfe von Licht. Frequenzerhöhungen dienen grundsätzlich dem Guten und Heilsamen. Und so passen die beiden Formen wunderbar zusammen, solange sie meisterlich ausgeführt werden. Etwas, das du dir im Laufe vieler anderer Leben angeeignet haben musst, um dies nun in diesem einen menschlichen Leben nutzen zu können.

Ob du dich auf der beschriebenen (hohen) Fähigkeitsstufe befindest, erkennst du daran, dass sich dir Licht nähert, wenn du Frequenzen bewusst erhöhst. Du kannst dann nicht nur Licht wahrnehmen, du erkennst zudem, dass sich die Frequenzen unwillkürlich anders anfühlen. Sie werden reiner und klarer, verbinden sich mit Licht. Die beschriebene Verbindung trägt die Herausforderung in sich, dich ganzheitlich zu destabilisieren. Und so liegt deine erste Aufgabe darin, Stabilität zu gewährleisten: In dir selbst, in deinem jeweiligen Umfeld und letztendlich dann auch, in der Verbindung selbst.

Die (hohe) Kunst besteht als erst einmal darin, dass du Stabilität gewährleistest. Dreifache Stabilität. Dies bedingt nicht nur eine hohe persönliche Entwicklungsstufe und Bewusstheit, sondern auch die Fähigkeit einer starken und ruhigen Präsenz in deiner eigenen hohen Grundschwingungsfrequenz. Wie anspruchsvoll diese Aufgabe ist, wirst du in der direkten Erfahrung erfassen und vermutlich musst du sie einige Male bewusst erfahren, damit du erkennst, was wir mit den soeben geschriebenen Worten meinen.

Licht erkennt dein wahres Wesen. Und, es anerkennt deine Entwicklungsstufe und deine Fähigkeiten. Licht arbeitet dann mit dir zusammen, wenn du über eine sehr hohe persönliche Entwicklungsstufe und Reinheit und sehr hohe Fähigkeiten verfügst. Dafür benötigst du keinerlei äussere Reputationen. Licht erfasst und weiss. Und arbeitest du mit Licht zusammen, benötigst du nicht nur deine wesentliche Schwingungsfrequenz stabil und frei vorhanden, du benötigst auch dein wahres Wesen stabil und frei vorhanden.
Ein Wesen, das äusserst souverän und fähig ist.
Weit ausserhalb allem, was sich ein menschlicher Geist auszumalen fähig ist.

Gehörst du zu denjenigen (wenigen) Menschen, die aktiv mit Licht zusammenarbeiten und dabei in der höchstmöglichen Stufe der Lichttechnologie fähig sind, ist es zwingend notwendig, dass dein wahres Wesen stabil und frei vorhanden ist. Auch dann, wenn du dich ganz normal menschlich in ein ganz normales menschliches Setting eingebunden bewegst. Dies musst du erst erkennen und dann bewusst erlauben. Und wenn du magst, bitte dein eigenes inneres wesentliches Selbst dich zu lehren und den beschriebenen Zustand zu implementieren.

Licht benötigt ein Gegenüber.
Ein freies, souveränes und fähiges Gegenüber.

Dies bist du dann, wenn dein wahres Wesen frei und stabil präsent ist. Dabei wirst du erkennen, dass sich dieser Zustand noch einmal weit über deinem wesentlichen Grundschwingungs-Frequenz-Zustand befindet. Und während einer gewissen Adaptionsphase wird dich der beschriebene Zustand phasenweise „besuchen", was du daran erkennen kannst, dass dich dies ganzheitlich stark destabilisiert.

Du benötigst all deine Stabilisierungs-Fähigkeiten, um einigermassen stabil zu bleiben und bist es erst, wenn sich dein Wesen wieder etwas dimmt. Dies wird dir während einiger Wochen wiederholt geschehen. Immer dann, wenn du nicht zwingend gebraucht wirst. Mit der Zeit wirst du beobachten können, dass du weniger destabilisierst und den Zustand immer besser zu tragen vermagst. Es ist dies ein äusserst intensiver und herausfordernder Prozess, den es bitte zu würdigen gilt. Viel mehr jedoch; zu erfassen und zu verstehen. Wirst du ansonsten doch sehr unsicher, weil du nicht nachvollziehen kannst, was dich da wiederholt destabilisiert, ohne dass du es zu bewältigen vermagst. Hast du dann jedoch erkannt, gilt es, bewusst zu stabilisieren und auch etwas durchzuhalten, weil dein ganzheitliches System mit der Zeit eigenständig zu adaptieren vermag und du dadurch stabil in den neuen Zustand hineinzuwachsen fähig bist.

Danach bist du: Dein wahres Wesen. Frei und stabil. Und dann musst du lernen, zu erkennen, was dies nun ganz praktisch für dein derzeitiges Leben bedeutet.

Aktive Arbeit im Bereich der Lichttechnologie im menschlichen Lebensraum ist als Mensch nur möglich, wenn du über einen vollständig umgebauten menschlichen Lichtkörper verfügst. Dies ist jedoch nur möglich, wenn dein ganzes Sein der neunten Dimension des Planeten Erde angebunden ist. Was wiederum bedeutet, dass dein wahres Wesen in seiner ganzen Grösse frei und stabil ist. Ein Zustand, der sich kaum in Worte fassen lässt und seine Zeit benötigt, um gut und stabil daran zu adaptieren.

Du wirst vermutlich feststellen, dass es dir in deinen eigenen vier Wänden deutlich einfacher gelingt, den beschriebenen Zustand einzunehmen und ihn auch stabil zu halten. Begibst du dich dann in die menschliche Gesellschaft, musst du bewusst lernen, ihn auch dort stabil zu halten. Dabei wirst du beobachten können, dass dies dein persönliches Umfeld irritiert, bist und verhältst du dich doch dadurch sichtlich anders als bisher. Du kannst dein wahres Wesen nun weder dimmen noch verstecken. Es ist. Deutlich wahrnehmbar. Rein und klar. Das, was die meisten Menschen überzeugt sind, dass so etwas nicht möglich ist: Ein durch und durch reiner und integrer Mensch. Ein Mensch, der nicht mehr dominiert oder manipuliert werden kann. Ein Mensch, der jederzeit sicheres Gegenüber ist, aber auch herausfordert mit seiner Reinheit und Klarheit.

6. Einige abschliessende Worte

Wechselt deine ganzheitliche Anbindung an die energiebasierte Ebene, wechseln die Gesetzmässigkeiten und die Gegebenheiten, denen du unterstellt bist. Dies liest sich logisch und lässt sich mit der Zeit dann auch nachvollziehbar praktisch erfahren. Gleichwohl kann es dir geschehen, dass du wiederholt über gewisse Themen „stolperst", die dich ganzheitlich ausbremsen. Und darauf möchten wir in diesem Kapitel bewusst eingehen.

Dein bisheriges menschliches Denken und dein bisheriges Erleben prägen dich, dein jetziges Denken, dein jetziges Erleben, dein jetziges Handeln und insbesondere deine jetzigen Erwartungen.
Insbesondere, weil du dich fortlaufend assoziiert im menschlichen Lebensraum bewegst.

- Du denkst, planst und handelst entsprechend linearem Zeitverständnis. Du denkst wiederholt nach vorne und ziehst aus deinem derzeitigen Hier und Jetzt entsprechend menschliche Einschätzungen und deinen bisherigen Erfahrungen Schlüsse für dein Vorne. **Dieses Verhalten schadet dir!!** Bitte lass es spätestens nun, bleiben. Du unterstehst vollständig den energiebasierten Gegebenheiten und den energiebasierten Gesetzmässigkeiten.

- Hast du viel, musst du viel geben. Bist du sehr belastbar, musst du viel tragen. Meist, ohne dass du entsprechend zurückerhältst. Diese typisch menschlichen Erfahrungen hinterlassen deutliche Spuren. Und so gilt es sie bewusst aufzuarbeiten. Auf dass du dich frei und gelassen, auf deine wesentliche Grösse samt allen diesbezüglichen Auswirkungen einlassen kannst. Wie bereits geschrieben: Du unterstehst nun den energiebasierten Gesetzmässigkeiten und hier erhält viel, wer viel trägt. Natürlicherweise.

- Du bist dir während einer gewissen Phase meist viel zu wenig bewusst, wie wichtig es ist, Wahrheit sehr bewusst und vollumfänglich Raum in dir selbst zu geben. Du weisst Wahrheit zwar, solange du sie jedoch nicht bewusst vollumfänglich Raum einnehmen lässt, in dir selbst, kann sie ihre wahre Kraft nicht entfalten. Bist du unsicher, in einer bestimmten Situation, sprich bewusst „Wahrheit und Klarheit" über ihr aus und bearbeite so lange bewusst in dir selbst, bis du sie kennst. Gib ihr sodann bewusst Raum in dir selbst und erlaube, dass sich entsprechend anpasst. **Du musst meist nichts Aktives dafür tun. Nur bewusst Raum einnehmen lassen.**

- Es kann sich nur entwickeln, was du rein und klar in dir trägst. Hier und Jetzt. Dafür musst du alle Ebenen eines Themas bewusst bearbeitet haben, damit sie alle kongruent dastehen. Erst dann kann sich entsprechend manifestieren. Auch diese Thematik will umfassend studiert und verstanden werden.

- Du erfasst so manches Mal einen Aspekt deines Vorne und setzt es dann intuitiv in Relation mit einem typisch menschlichen Setting. Du erfasst, dass du ein eigenes Haus haben wirst, zum Beispiel. Und nun rechnest du wie wild in deinem Kopf, ob so etwas finanziell möglich ist. Ein sehr, sehr kleines, allenfalls? Wie sehr du auch rechnest, es geht nicht auf, in deinem menschlichen Denken. Und was wir hier beispielhaft beschreiben, lässt sich auf alle möglichen Aspekte übertragen: Du hast einen kurzen klaren Impuls in dir und versuchst ihn sodann mittels deines menschlichen Denkens umzusetzen. Etwas, das nicht mehr funktioniert. Weil sich nun energiebasiert entwickelt. Sehr viel passender, sehr viel umfassender und sehr viel anders, als du dir menschlich vorstellen oder gar organisieren könntest.

Und hier passt der nächste Punkt sehr gut.

Bist du nicht mehr wohl, in demjenigen das Hier und Jetzt ist, benötigst du einen deutlich anderen Umgang damit, als du dir bisher gewohnt warst.

Ist ein Mensch nicht mehr wohl, in demjenigen das Hier und Jetzt ist, begibt er sich meist intuitiv in seine Phantasie und sucht dort, was sich anstelle gut anfühlen könnte. Und was sich dort, im jeweiligen Kopf «gut anfühlt», hat in aller Regel nicht wirklich viel Bezug zu seinem jeweiligen Hier und Jetzt. Nun, ein Mensch kennt es nicht anders und hat er ein mental ansprechendes Bild gefunden, wird er sodann meist im Aussen aktiv und versucht sein Jetzt in Richtung seines Bildes zu verändern. Manchmal gelingt ihm dies, manches Mal auch nicht. Du selbst bist ebenfalls Mensch und so ist dir das beschriebene Verhalten nicht nur sehr vertraut, es hängt auch nach wie vor an und in dir. Und so möchten wir dich ermutigen, dir dessen nicht nur bewusst zu sein, sondern dich auch aktiv damit auseinander zu setzen. Dein altes Verhalten bewusst hinter dir zu lassen und dich auf ein Verhalten einzulassen, das den energiebasierten Gegebenheiten und Gesetzmässigkeiten entspricht.

Wie kann so etwas aussehen?
Begib dich als Erstes sehr bewusst in dein
derzeitiges Hier und Jetzt und erlaube, dass du
umfassend erkennst, weshalb du dich nicht wohl
fühlst. Erlaube bewusst, dass du sämtliche
Ebenen erfasst und nimm dir ausreichend Zeit
dafür. Tue dies so oft und so lange, bis ruhig ist,
in dir selbst. Du blockierst dich und dein
Vorankommen nachhaltig, wenn du diesen einen
ersten Schritt nicht sauber durchführst.
Energiebasiert kann erst weitergehen, wenn auf
allen Ebenen bereinigt ist. Ist dem so, weisst du
dies innerlich rein und klar. Du kannst den
Zustand zudem daran erkennen, dass du ein
innerliches o.k. erfährst, im Hinblick darauf, dass
sich verändern darf. Ist nachhaltig geklärt,
widerfährt dir meist unwillkürlich der nächste
wichtige Schritt: Du befindest dich stabil in
deiner eigenen wesentlichen
Schwingungsfrequenz und gleichzeitig sehr
bewusst und achtsam vollumfänglich
eingetaucht, in diejenige Situation, die sich nun
verändern darf. Widerstehe nun sehr bewusst,
der Verlockung, dich in deinen Kopf zu begeben
und dort mental zu entwickeln. Bleibe
stattdessen mit deiner ganzen Aufmerksamkeit
in deiner wesentlichen Schwingungsfrequenz
und in der entsprechenden Situation.

Hältst du deinen menschlichen Geist bewusst ausgeschaltet, werden dir nun einzelnen Fragmente begegnen: Bilder, Gefühle, inneres Wissen usw. Bunt gemischt, noch etwas ungeordnet, doch gleichzeitig auch ungemein passend. Dein ganzes Sein atmet unwillkürlich auf, im Neuen, auch wenn es gerade erst in deinem eigenen Inneren entsteht.

Bitte widerstehe anschliessend dem allfälligen Drang, dich nun in mentale Bilder zu verhängen und mittels menschlicher Phantasie mitzuprägen. Erlaube stattdessen, dass sich zum Höchsten und Besten von allem, was ist entwickeln darf. Frei und optimal zu dir passend.

Auf energiebasierter Ebene liegt der primäre Fokus nicht auf dem Resultat, sondern primär auf einer reinen und klaren Ausgangsfrequenz. Diese Frequenz bestimmt das jeweilige Resultat. Und so musst du einen inneren Paradigmenwechsel (samt entsprechender bewusster Auseinandersetzung) durchlaufen, um Schritt für Schritt immer besser zu erfassen. Achte bewusst auf dein jeweiliges Hier und Jetzt und bringe es so oft es geht, mit deiner reinen persönlichen Schwingungsfrequenz in Kontakt. Auf diese Weise entwickelt sich natürlicherweise fortlaufend, ohne dass du unnötig blockiert wirst oder unnötige ganzheitliche «Kurven» drehen musst.

Der Ausgleich für dein wertvolles Wirken geschieht ganzheitlich und dir optimal angepasst.

Du bist dir in dieser Hinsicht als Mensch bestimmte materiell basierte Parameter gewohnt und so liegt dein diesbezüglicher Fokus logischerweise auch stark auf diesen (wenigen) Parametern. Nun geschieht jedoch sehr viel umfassender und nachhaltiger und auch dies will in der Tiefe verstanden werden. Wenn du magst, erlaube eine entsprechende Einführung durch dein eigenes inneres wesentliches Selbst. Dein diesbezügliches Verständnis wird deinen Blickwinkel automatisch erweitern und dein Erkennen wird dein Wissen und deine Sicherheit stärken.

Um gross zu wirken, benötigst du ein starkes und sicheres menschliches Fundament. Du musst wohl und sicher sein, in deinem derzeitigen menschlichen Leben, in deinen derzeitigen menschlichen Beziehungen und in deinen derzeitigen menschlichen Aufgaben.
Deine Finanzen müssen nachhaltig sicher und gesund sein. Und, du musst dich vollumfänglich wohl fühlen, in deinem menschlichen Körper. Erkennst du, dass dem noch nicht so ist, bitte auch hier dein eigenes inneres wesentliches Selbst um eine entsprechende klare Führung.

Letztendlich benötigst du ein vollständig wesentliches menschliches Leben, um dich deinen wesentlichen Aufgaben unbelastet und dadurch in deiner vollständigen Kraft zuwenden zu können. Ein wesentliches menschliches Leben führst du dann, wenn jeder noch so kleine Aspekt deines derzeitigen menschlichen Lebens deiner wesentlichen Schwingungsfrequenz entspricht. Diese Gegebenheit führt dazu, dass du dich vollumfänglich wohl fühlst. Ein Gefühl das du als Mensch in aller Regel nicht kennst und ehrlicherweise auch nie erreichen kannst, unter den derzeitigen Gegebenheiten, die im menschlichen Lebensraum herrschen. Hast du deine wesentliche Schwingungsfrequenz in diesem einen menschlichen Leben allerdings nachhaltig erreicht (dir mit viel Schweiss erarbeitet, formuliert ehrlicher) und hast du dir für diese eine menschliche Inkarnation wesentliche Aufgaben vorgenommen, findet statt, was so noch nie stattgefunden hat, im menschlichen Lebensraum.

Dank dem im Buch «Interkulturelle Vermittlung – Band 1» formulierten Entscheid des Rates des Lichts und der zunehmenden Unterstützung der energiebasierten Reiche, gelangst du zudem rascher und müheloser in den beschriebenen Zustand.

Wir benötigen dein freies und machtvolles Wirken ganz dringend und so unterstützt dein vollumfänglich wesentliches Leben letztendlich den positiven Effekt des Projektes Erde.

Du kannst dich erst vollumfänglich der energiebasierten Dimension und deinen wesentlichen Aufgaben zuwenden, wenn du vollkommen wohl und sicher bist, in deinem derzeitigen menschlichen Leben.

Ist dem noch nicht so, wird es dich immer wieder ganzheitlich blockieren. Und so bitten wir dich, diesen Aspekt sehr ernst zu nehmen. Im energiebasierten Lebensraum steht die Persönlichkeit selbst und ihr eigenes Wohlbefinden im Zentrum. Und auch dies stellt einen deutlichen Paradigmenwechsel dar, wenn dein ganzheitliches Sein, der energiebasierten Dimension angebunden ist. Gleichzeitig unterstreicht dieser Aspekt die Wahrheit, dass du nur dann in deiner vollen Macht und Kraft bist, wenn es dir ganzheitlich vollumfänglich wohl ist. Und so ermutigen wir dich, dich auch dieser Thematik so lange bewusst hinzugeben, bis du ausreichend studiert und erfasst hast.

Letztendlich bist du erst vollumfänglich wohl, in deinem menschlichen Leben, wenn es dir in jedem einzelnen Bereich wesentlich entspricht.

Menschen müssen sich manchmal über einen längeren Zeitraum bewusst mit ihren eigenen authentischen Bedürfnissen befassen. Sie haben verlernt, diese wahrzunehmen und so manches Mal gar, eigene Bedürfnisse zu haben. Gleichzeitig musst du dir bewusst sein, dass du der energiebasierten Dimension unterstellt bist und es nun, deine freie und stabile wesentliche Schwingungsfrequenz ist, die entsprechend realisiert.

Ein Mensch gibt oft im Aussen, was er eigentlich sich selbst geben müsste.

Und verspürst du ab und an den Drang, einem anderen Menschen etwas Bestimmtes zu geben, kann es sinnvoll sein, sehr bewusst und aufmerksam hinzuschauen und bewusst abzuklären, ob dir ggf. in irgendeinem Lebensbereich noch etwas fehlt.
Wir sind uns bewusst, dass wir uns wiederholen: Doch es ist deine vollumfängliche ganzheitliche Fülle, die nun im Vordergrund stehen muss, damit du frei und in deiner ganzen Kraft wirken kannst.

Nimmst du im menschlichen Lebensraum in deiner ganzen Grösse Raum ein, läufst du Gefahr, anderen Menschen Raum wegzunehmen. In der energiebasierten Dimension hingegen, musst du sehr bewusst in deiner vollständigen Grösse Raum einnehmen, damit sich auch für deine Mitmenschen wohltuend und in Fülle ordnen kann. Und auch dieser Paradigmenwechsel muss ggf. einige Mal bewusst ganz praktisch erfahren werden, bis er in der Tiefe verstanden werden kann. Hast du dann verstanden, fällt es dir leichter, sehr bewusst in deiner ganzen Grösse und mit deinen ganzen Fähigkeiten Raum einzunehmen.

Das Projekt Erde hat sich, rein sachlich, von aussen betrachtet, überaus gut entwickelt. Die Frequenz wurde in allen Regionen der Erde ein erstes Mal stabil erhöht und die entsprechenden Nebenwirkungen konnten maximal minimiert werden und sind unter Kontrolle. Im menschlichen Lebensraum selbst mag sich dir ein anderes Bild zeigen, dessen sind wir uns sehr bewusst. Es steigen nun fortlaufend alte, dunkle und negative Energieformen auf und so manches Unschöne wird auch wiederholt ausagiert. Gleichzeitig handelt es sich dabei um natürliche Nebenwirkungen der globalen Frequenzerhöhung und es hilft, wenn du diese auch so erfasst.

Wir sind uns selbstverständlich auch bewusst, dass wir noch lange nicht dort sind, wo wir irgendwann sein werden. Gleichzeitig wussten wir nicht, ob wir an denjenigen Punkt gelangen werden, an dem wir uns nun befinden. Wir sind nun rascher dort als gedacht und so ist die Freude auf dem Planeten Erde selbst, als auch in einem grossen Teil des Universums gross. Wir haben viel erreicht und wir sind stabil und gut unterwegs. Auch wenn es selbstverständlich noch einiges zu tun gibt.

Als sehr grosser Gewinn der letzten Jahrzehnte lässt sich bereits jetzt die Gründung von SEOS bezeichnen. Eine herausfordernde Geschichte, waren die Fronten zwischen gewissen Lebensräumen und Reichen doch sehr verhärtet und verschlossen, in den letzten Jahrhunderten. Einige Persönlichkeiten haben sich hier besonders eingesetzt und auch Besonderes geleistet und ihnen sei an dieser Stelle ganz herzlich gedankt.

SEOS hat sich äusserst positiv entwickelt. Alle Reiche und Lebensräume der Erde liessen sich einbinden und mittlerweile werden es immer mehr Reiche, die die grosse Leistung hochentwickelter Menschen erkennen und würdigen und sich dadurch auch einlassen, diese Menschen und deren herausfordernde Arbeit bewusst zu unterstützen.

Das Reich der Drachen war von Beginn weg dabei und hat überaus wertvoll und grosszügig unterstützt. Überraschenderweise hat das Reich der Elfen mitgezogen und dank ihrer aktiven und sehr hilfreichen Unterstützung hat das Projekt Erde noch einmal stark an Kraft gewonnen. Nun hat sich auch Atlantis offiziell dazu bekannt, die hochentwickelten Menschen selbst und ihre Arbeit im menschlichen Lebensraum zu unterstützen und wir schätzen auch diesen Entscheid sehr.

Der entsprechende Einsatz hat vor einigen Wochen (Juli 24) begonnen und so kann es sehr gut sein, dass du die Energie von Atlantis wiederholt bewusst um dich herum wahrnehmen kannst. Fühlt es sich richtig an für dich, erlaube bewusst: Deine persönliche Unterstützung, aber auch Unterstützung in deinen wesentlichen Aufgaben. Du sollst entlastet werden und du sollst unterstützt werden. Diese Grundhaltung hat nun mehr und mehr Raum eingenommen, in den energiebasierten Reichen und darüber sind wir sehr froh.

Es sind die bewussten und hochentwickelten Menschen, die überaus Grosses leisten und es sind sie, die ungemein viel tragen. Und so sollen genau diese so wichtigen Schlüsselpersonen maximal unterstützt werden und maximalen Ausgleich erhalten. Hier und Jetzt. Gleichzeitig unterstützt jedes Reich, das sich aktiv einbringt, selbstverständlich auch mit seinen ganz spezifischen Gaben und Schwerpunkten.

Atlantis trägt die ehemalige Geschichte in sich und damit auch das diesbezügliche Wissen. Atlantis hat damals ein menschliches Leben im Schnittpunkt zwischen materiell basiertem und energiebasiertem Lebensraum perfektioniert. Ein Punkt, den wir – unter anderem – erneut erreichen möchten, im menschlichen Lebensraum. Und so umgibt dich die Energie von Atlantis einerseits, um dich persönlich zu unterstützen, andererseits jedoch auch sehr bewusst, um dich mit entsprechenden Informationen zu versorgen. Wir werden als nächstes, zwei weitere Bücher veröffentlichen, in denen wir das beschriebene Wissen auch in menschliche Worte strukturieren und formulieren und dadurch noch spezifischer unterstützten und ausrüsten. Gleichzeitig bist du selbst mehr als fähig, auch die entsprechenden energiebasierten Informationen aufnehmen und gezielt nutzen zu können. Erlaube, dass du erkennst und erfasst, und es wird dir geschehen.

Wir möchten es am Schluss dieses Buches noch
einmal sehr bewusst und sehr deutlich betonen:
Bitte sei dir bewusst, dass es nun in den
nächsten Wochen erst einmal umfassend um
dich selbst gehen muss:

- Du benötigst Fülle in jedem einzelnen
  Bereich deines derzeitigen menschlichen
  Lebens.
- Du benötigst grundsätzliche und
  nachhaltige Sicherheit in jedem einzelnen
  Bereich deines derzeitigen menschlichen
  Lebens.
- Du musst vollumfänglich wohl sein, in
  deinem derzeitigen menschlichen Leben.
- Du musst deine derzeitigen wesentlichen
  Aufgaben kennen und sicher werden, in
  ihrer Ausführung.

Lies bitte nun nicht zu rasch über die soeben
geschriebenen Zeilen hinweg. Erlaube
stattdessen, dass dir genau dies geschieht. Eine
Fülle, die du dir weder mental vorstellen noch
praktisch organisieren kannst. Eine so stabile
Sicherheit in jedem Bereich deines derzeitigen
menschlichen Lebens, dass du dir über Sicherheit
keinerlei Gedanken mehr machen musst. Und,
eine grosse Klarheit: In deinem derzeitigen
menschlichen Leben, in deinen menschlichen
und wesentlichen Aufgaben und im Hinblick auf
dein nächstes vorne.

Um in demjenigen Umfang zu wirken, zu dem du fähig bist, muss zudem dein menschliches Selbst vollkommen heil sein. Und dies ist vermutlich der anstrengendste Teil der ganzen Geschichte: Du musst all die vielen Verletzungen bewusst aufarbeiten und auflösen. Etwas, das es so, in der menschlichen Geschichte noch nie gab: Menschen, die vollständig heil sind und auch heil bleiben.

Diese Menschen verfügen natürlicherweise über eine grosse Reinheit, eine grosse Integrität, eine grosse Kraft und eine grosse Macht. Sie ziehen natürlicherweise an und sie werden natürlicherweise zur Projektionsfläche der jeweiligen Mitmenschen. Herausforderungen, die es zu meistern gilt. Auch dann, wenn du selbst über einen lichtbasierten menschlichen Körper verfügst und der neunten Dimension unterstellt bist. Menschliches Verhalten ist oft vielfach pervertiert und verletzend und dies wird sich vermutlich in den nächsten Jahrzehnten nur «Schrittchen-Weise» verändern und so wird es dir auch immer wieder assoziiert begegnen. Dank deinem lichtbasierten Körper bist du zwar «ganzheitlich immun und geschützt». Dank deiner sehr hohen Grundschwingungsfrequenz gleichzeitig jedoch auch sehr, sehr empfindsam und empfindlich.

Die Härte des menschlichen Lebensraumes ist sehr viel einfacher zu ertragen, wenn ein Mensch selbst über eine tiefe Schwingungsfrequenz verfügt. Die harschen Energien vermag er dann entweder nicht bewusst wahrzunehmen oder sie sind ihm so vertraut, dass er sie als normal empfindet.

Wir diskutieren derzeit viel darüber, was Menschen mit einem lichtbasierten menschlichen Körper und mit einer Anbindung an die neunte Dimension genau benötigen und was ihnen zuzumuten ist. Die menschliche Gesellschaft würde ungemein profitieren, wenn besagte Menschen hohe Schlüsselpositionen in bestimmten Bereichen einnehmen würden. Gleichzeitig müssen sie sich dann profilieren und sind dadurch öffentlich sämtlichen menschlichen Unarten ausgesetzt. Etwas, das ihnen nicht guttut.

Und so laufen die Diskussionen derzeit in die Richtung, kleine Versuchs-Situationen zu erschaffen und dort, in einem nicht ganz so öffentlichen Setting, bewusst diesbezügliche Erfahrungen zu sammeln. Diese Versuchs-Situationen lassen sich jederzeit abbrechen, ohne dass gesellschaftlich auffällt. Und, wir können die Aufmerksamkeit vollumfänglich auf der jeweiligen Schlüsselperson halten, sie maximal unterstützen und schützen und sie bewusst herauslösen, sobald sie in irgendeiner Form Schaden nehmen sollte.

Gleichwohl sind wir alle sehr vorsichtig und noch nicht wirklich bereit, diese Situationen auch praktisch zu realisieren. Die letzten Jahrhunderte lasten noch in unserem Gedächtnis und wir haben keinerlei Intention, diese auch nur annährend zu wiederholen. Die Zeit der menschlichen Märtyrer ist definitiv vorbei und so soll es auch bleiben! Dies lässt uns alle sehr sensibel in dieser Thematik sein und wir werden alles tun, damit menschliche Mitglieder des Projektes Erde nicht einmal mehr in die Nähe dieser Thematik gelangen.

Beim Lesen der soeben geschriebenen Zeilen kann es dir dennoch geschehen, dass noch einmal etwas in dir anklingt, hast du das Beschriebene doch vermutlich ebenfalls erfahren, in einem oder mehrerer deiner bisherigen menschlichen Leben. Und ist dem so, bitten wir dich, bewusst und nachhaltig aufzuarbeiten und aufzulösen. Auf dass nichts mehr an dir hängt.

Dein ganzheitliches Sein wechselt wiederholt die Dimensionen. Je nach Bedarf.
Bist du dir dessen nicht bewusst, ist diese (neue) Situation nicht nur sehr verwirrend, sondern auch äusserst kräftezerrend.

Du musst die einzelnen Dimensionen sehr gut kennen, um fortlaufend zu erkennen, wo genau du dich derzeit gerade befindest und weshalb du aus dieser Ebene heraus agierst.

Sprichst du aus der fünften energiebasierten oder gar siebten schwingungsbasierten Dimension heraus, kann dich ein Mensch, der sich vollständig in der dritten materiell basierten Dimension erfährt, nicht verstehen. Vielleicht dringen einzelne Fragmente zu ihm durch. Insbesondere dann, wenn er in seinem Kernwesen über eine hohe persönliche Entwicklungsstufe verfügt. Willst du jedoch zielführend und erfüllend mit ihm kommunizieren, musst du dies vollständig aus der dritten materiell basierten Dimension heraus tun. Mittels entsprechender Worte.

Hochentwickelte, wieder vollständig bewusste Menschen antworten intuitiv aus derjenigen Dimension heraus, aus der sie angesprochen werden. Sie wechseln fliessend und meist auch in unbewusster Kompetenz. Solche Menschen sind derzeit allerdings noch nicht allzu oft zu finden. Und so benötigt es auf deiner Seite eine entsprechende Bewusstheit. Beginnst du bewusst zu beobachten, wirst du erkennen können, dass du so manches Mal aus der fünften Dimension heraus formulierst, dich dein Gegenüber sichtlich nicht versteht und du gleichzeitig erfasst, dass richtig ist, was Hier und Jetzt geschieht. Dein Formuliertes ist angekommen, auch wenn der menschliche Geist deines Gegenübers ganz offensichtlich nicht verstanden hat.

Hältst du nun die Diskrepanz sehr bewusst aus, wirst du miterleben, dass die energiebasierte Evolution trägt und deine formulierten Worte Raum einnehmen und wirken. Trotzdem. Deine Worte haben aus energiebasierter Sicht ein positive Energieverschiebung ausgelöst. Eine, die sich auch auf materiell basierter menschlicher Ebene zeigen wird. Leider jedoch nicht sofort, sondern mit der Zeit. Und so hilft es dir, wenn du in ähnlichen Situationen deinen eigenen Blickwinkel etwas erweiterst und bewusst auch aus energiebasierter Sicht betrachtest. Was immer du tust oder sagst, hat nachhaltig positive Wirkung. Du agierst jedoch sehr oft aus der fünften oder gar siebten Dimension heraus in die dritte materiell basierte menschliche Situation hinein. Dass du dort nicht immer verstanden wirst, ist eigentlich logisch. Musst du ehrlicherweise auch nicht. Die Energieverschiebung wirkt eigenständig. Positiv und nachhaltig.

**Je bewusster du wirst,
umso wichtiger ist, dass du die Theorie
hinter jeder einzelnen Dimension kennst.**

Dabei hilft dir, wenn du selbst jederzeit bewusst weisst, dass du selbst fortlaufend die Dimensionen wechselst, auch dann, wenn du dich vollständig integriert im materiell basierten menschlichen Lebensraum befindest.

Arbeitest du im Bereich der interkulturellen Vermittlung und somit für SEOS, ist die beschriebene Bewusstheit Grundvoraussetzung für den nächsten Schritt: Du lebst und arbeitest im menschlichen Lebensraum in einer menschlichen Rolle und agierst gleichzeitig energiebasiert verbunden mit einzelnen Reichen und deren Fähigkeiten zugunsten des Projektes Erde. Ein Thema, das wir in unserem nächsten Buch beleuchten werden.

Bis dahin: Trag dir bewusst Sorge!